**기독교문서선교회**(Christian Literature Center: 약칭 CLC)는 1941년 영국 콜체스터에서 켄 아담스에 의해 시작되었으며 국제 본부는 미국 필라델피아에 있습니다. 국제 CLC는 59개 나라에서 180개의 본부를 두고, 약 650여 명의 선교사들이 이동도서차량 40대를 이용하여 문서 보급에 힘쓰고 있으며 이메일 주문을 통해 130여 국으로 책을 공급하고 있습니다. 한국 CLC는 청교도적 복음주의 신학과 신앙서적을 출판하는 문서선교기관으로서, 한 영혼이라도 구원되길 소망하면서 주님이 오시는 그날까지 최선을 다할 것입니다.

추천사

조 영 모 박 사
건신대학원대학교 신약학 교수

　권주은 박사의 저서 『다문화 교회의 모델: 안디옥교회』는 사도행전의 안디옥교회를 사회학적인 연구 방법으로 풀어냄으로 그동안 성서학자들이 다루지 않았던 성경 안에서의 다문화 주제를 흥미롭게 다룬다.
　우리 사회가 급속도로 다문화화되어 가고 있는 작금의 현실에서 그리고 그 상황에 직면하고 있는 한국 교회에 성경적인 다문화 교회의 모습이 어떠해야 하는지를 소개한 도서로 높이 평가한다. 이에 관심이 있는 분들에게 주저 없이 일독을 권한다.

추천사

김 경 식 박 사
웨스트민스터신학대학원대학교 신약학 교수

　권주은 박사의 논문은 바울 사도의 사역과 선교를 다문화 사역이라는 관점으로 접근하는 통찰력이 가득한 연구이다. 그의 논문은 몇 가지 점에서 사도행전 연구와 바울 이해에 적지 않은 공헌을 하고 있다.

　첫째, 그의 방법론은 주로 문학적, 역사적, 신학적 해석 측면에 머물러 있던 기존 사도행전 연구의 시야를 사회학 방법론의 영역으로 확장시키고 있다. 사도행전에서 제시하는 시리아 안디옥교회의 상황을 사회학의 렌즈로 새롭게 조명했다는 점에 그 공헌이 있다.

　둘째, 사회학적 방법론의 관점에서 시리아 안디옥교회를 '최초의' 다문화 교회로 분석해 내는 권주은 박사의 분석은 사도행전과 바울 연구에 깊이를 더한다. 주로 유대인과 이방인이라는 양분법적 틀 속에 바울을 가두고 해석해 오던 기존 해석의 틀을 뛰어넘어, 그를 다문화 사역자로 새롭게 인식시켜 주고 있기 때문이다.

셋째, '최초의' 다문화 교회인 안디옥교회에서의 사역 경험이 바울의 이후 선교 여행에 미친 영향을 탐구하는 권주은 박사의 작업은 이 논문의 가장 의미 있는 작업이다. 바울의 신학이 다메섹의 계시 사건에서 기원했다는 단계에서 한 걸음 더 나아가, 안디옥교회의 다문화 사역 경험이 바울의 이후 사역과 심지어 신학을 형성했을 가능성을 제시하는 그의 주장은 학문적 동의를 불러일으키기에 그 개연성이 충분하다.

다양한 문화가 공존하던 시리아 그리고 이런 개방적 분위기의 도시에 세워진 안디옥교회가 지닌 다문화적 구성 그리고 이 교회의 다문화적 지도자들과의 사역이 바울을 다문화에 개방적인 사도로 만들었을 뿐 아니라, 오히려 당시 유대교와 그리스-로마의 문화적 제약을 훌쩍 뛰어넘는 파격적인 바울의 여성관이 실은 안디옥교회에서의 다문화적이고, 개방적인 환경에서 비롯되었을 것이라는 권주은 박사의 주장은 그의 연구에 귀를 기울이는 이들에게 지적 카타르시스를 가져다줄 것이다.

다문화 교회의 모델
안디옥교회

A model of Multicultural Church: Antioch Church
Written by JuEun Kwon
All rights reserved.
Korean Edition Copyright ⓒ 2021 by Christian Literature Center, Seoul, Korea.

다문화 교회의 모델: 안디옥교회

2021년 10월 10일 초판 발행

지 은 이 | 권주은

편　　집 | 유동운
디 자 인 | 이수정, 박성숙
펴 낸 곳 | (사)기독교문서선교회
등　　록 | 제16-25호(1980.1.18.)
주　　소 | 서울특별시 서초구 방배로 68
전　　화 | 02-586-8761-3(본사) 031-942-8761(영업부)
팩　　스 | 02-523-0131(본사) 031-942-8763(영업부)
이 메 일 | clckor@gmail.com
홈페이지 | www.clcbook.com
송금계좌 | 기업은행 073-000308-04-020 (사)기독교문서선교회
일련번호 | 2021-96

ISBN 978-89-341-2337-8 (93230)

이 책의 저작권은 저자와 (사)기독교문서선교회가 소유합니다. 신저작권법에 의하여 한국 내에서 보호받는 저작물이므로 무단 전재와 무단 복제를 금합니다.

신학 박사 논문 시리즈 65

다문화 교회의 모델
안디옥교회

권주은 지음

CLC

목 차

추천사 ··· 1
  조 영 모 박사 | 건신대학원대학교 신약학 교수
  김 경 식 박사 | 웨스트민스터신학대학원대학교 신약학 교수
약어 ··· 12
서문 ··· 13

제1장 서론 ··· 17
  1. 안디옥교회와 다문화 교회를 이해하기 위한 준비 ············· 17
  2. 안디옥교회와 다문화 교회를 이해하기 위한 자세 ············· 24
  3. 안디옥교회와 다문화 교회를 이해하기 위한 도움 ············· 28
    1) 프레드릭 F. 브루스(Frederick F. Bruce) ····················· 28
    2) 제임스 D. G 던(James D. G. Dunn) ························ 31
    3) 로드니 스타크(Rodney Stark) ································ 35
    4) 마이클 그린(Michael Green) ································· 39
    5) 할 E. 타우직(Hal. E. Taussig) ································ 42

제2장 안디옥교회의 형성과 공동체에 대한 이해 46
1. 안디옥교회의 형성 과정 48
1) 시리아 안디옥의 위치와 배경 48

2) 스데반의 죽음 후 변화 51

3) 안디옥까지 오게 된 경위 53

2. 안디옥교회의 구성원 56
1) 사도행전 11:19의 유대인 56

2) 사도행전 11:20의 헬라인의 정체 58

3) '헬라인'에 대한 새로운 지평 65

3. 결론 67

제3장 안디옥교회의 다양한 지도자 69
1. 다양한 배경의 주요 지도자들 70
2. 바나바 72
1) 출신 지역과 인종: 레위 지파 유대인 72

2) 사회적 계층: 사도로부터 인정받은 리더 74

3. 바울 76
1) 출신 지역과 인종: 히브리인 '사울' 76

2) 사회적 계층: 안디옥에서 바울의 지위 77

4. 시므온 78
1) 인종: 니게르 78

2) 출신 지역: 구레네 '시몬' 82

3) 사회적 계층: 흑인 시므온의 신분적 지위 85

5. 루기오 ·· 88
  1) 출신 지역: 구레네의 상황 ··· 88
  2) 사회적 계층: 루기오는 누가인가? ································· 89
6. 마나엔 ·· 91
  1) 출신 지역과 인종: 헤롯의 젖동생 ································· 91
  2) 사회적 계층: 누가만의 헤롯에 대한 정보 제공 ················ 93
7. 결론 ·· 96

제4장 바울의 남성 다문화 동역자들 ························· 98
1. 바울의 대표 동역자 ·· 99
2. 디모데 ·· 104
  1) 출생: 다문화 가정 ··· 104
  2) 할례 문제 ·· 106
  3) 바울과의 관계 ·· 110
3. 누가 ··· 113
  1) 바울과의 관계: 사도행전의 저자 누가 ··························· 113
  2) 출생: 이방인 또는 유대인 ··· 116
4. 디도 ··· 121
  1) 출생: 젊은 헬라 그리스도인 ······································ 121
  2) 바울과 관계: 바울과 함께 예루살렘 방문 ····················· 122
5. 결론 ·· 124

제5장 바울과 여성 다문화 리더십 ·········· 126
1. 초대 교회 여성 리더십에 대한 다양한 관점 ·········· 127
   1) 타락 순서의 관점 ·········· 128
   2) 창조 질서의 관점 ·········· 132
   3) 사회-문화적 관점 ·········· 137
2. 여성에 대한 바울의 인식 ·········· 142
3. 대표 여성 동역자 ·········· 147
   1) 뵈뵈 ·········· 148
   2) 브리스길라 ·········· 152
   3) 유니아 ·········· 154
   4) 루디아 ·········· 156
4. 결론 ·········· 160

제6장 결론 ·········· 162
1. 요약 ·········· 162
2. 연구의 의의 ·········· 165

참고 문헌 ·········· 168
ABSTRACT ·········· 182

약어

ATR	Angilcan Theological Review
BA	Biblical Archaeologist
BT	The Bible Translator
BTB	Biblical Theology Bulletin
BR	Biblical Research
BSac	Biblotheca Sacra
CBQ	The Catholic Biblical Quarterly
JAAR	Journal of the American Academy of Religion
JBL	Journal of Biblical Literature
JFSR	Journal of Feminist Studies in Religion
JSSR	Journal for the Scientific Study of Religion
NovT	Novun Testamentun
NTS	New Testament Studies
ExpTim	The Expository Times
RevExp	Review and Expositor
RestQ	Restoration Quarterly
RSR	Religious Studies Review
Th	Theology
USQR	Union Seminary Quarterly Review

서 문

2021년 대한민국은 다양한 인종, 민족, 국가에서 온 200만의 이주민들과 공존하는 다문화 국가다. 현재 사회에서 수많은 이주 노동자들과 다문화 가정 대부분은 편견과 차별 속에서도 자신들만의 고유한 정체성을 유지하며 한국 사회에 정착하고 있다. 계속해서 증가하는 이주민들은 노동 현장과 학교, 주거 지역 등 여러 공동체에 새로운 사회적 구성원이 되고 있으므로 앞으로 사회 구조가 더욱 다문화적으로 변화할 가능성이 높다.

한국이 다문화 사회라는 옷으로 갈아입는 동안 선교에 관심을 가진 교회들은 빠르게 대응해 가기 위해 노력하고 있지만, 그 과정에서 대부분의 교회는 적응에 상당히 오랜 시간 혼란을 겪을 것으로 예상된다. 일반적으로 교회 공동체는 성도 간에 교제, 삶을 나누는 친교 방법인 소모임을 통해 관계적 발전과 더불어 멤버십을 유지하여 왔다.

그러나 선교적 대상으로만 접근했던 이주민들이 한국 교회가 뿌린 복음을 통해 교회 공동체로 대거 유입되며, 경험해 보지 못한 다양한 언어, 인종, 민족이 어우러진 '공존'이라는 새로운 도전을 시도해야 하는 상황이다. 하지만 이 도전은 쉽지 않다. 한국 교회는 이주민을 선교의 대상, 복음을 전하는 대상으로만 여겨왔던 지금까지의 오랜 시간에 익숙하기 때문이다.

한국 교회의 이주민에 대한 관점이 계속해서 공존이 아닌 선교에 고정되어 있다면, 한국에 정착하여 살아가는 이주민들과 한국 교회와의 간격은 좁혀질 수 없다. 한국 교회는 이주민들에 대하여 더 이상 선교의 대상으로서 접근할 것이 아니라, 우리와 함께 살아가는 이웃으로 관점을 전환해야 한다.

다양한 민족, 문화, 인종의 이주민들이 교회 공동체의 구성원이자 성도로 유입되는 한국 교회가 이제 다문화 교회로 새롭게 변혁되어 가려면 바른 방향성을 위해 먼저 성경적 지평을 열어야 한다. 그 시작은 바로 성경적 다문화 교회 모델을 찾는 것이다. 다문화 교회를 바로 세우기 위해서는 먼저 목회적인 접근 이전에 성경적 근거를 찾는 것이 우선시 되어야 방향성을 잃지 않는다. 그러므로 본서를 통해 성경적 다문화 교회의 최초이자 최적인 안디옥교회를 모델로 제시한다.

첫째, 안디옥교회의 구성원은 신약에서 최초의 다민족, 다인종으로 이루어진 교회 공동체이다. B.C. 300년 시리아에 안디옥이 건설된 이후 여러 민족이 이주하여 대도시를 이루었는데, 로마 3대 행정 도시의 역할을 담당했기에 도시의 규모는 상당히 컸다. 계획에 의해 세워진 시리아 안디옥은 급속하게 팽창한 대도시답게 다양한 민족, 인종, 계층의 이주자들로 이루어진 다문화 도시의 배경을 가졌으며, 다문화적인 요소는 그곳에 세워진 안디옥교회의 구성원에게도 나타난다.

그리스도를 믿는 유대인이 모여 이루어진 공동체이지만 사도행전 11장에서는 안디옥교회의 성도들을 유대인이 아닌 그리스도인이라는 새로운 말로 부른다. 당시 그리스도인이라는 지칭에는 다문화적인 의미가 내포되어 있다고 여겨도 무방하다.

유대인들이 절대다수가 되지 않고 여러 민족과 인종들이 모였기에 안디옥교회의 성도들을 명확하게 구분하는 신조어가 필요했을 것이라는 합리적인 추론이 가능하다.

둘째, 사도행전 13:1에 소개되는 다섯 명의 대표 지도자들이 가진 다문화적인 배경에서 충분한 근거를 찾을 수 있다. 다섯 명의 지도자들은 출신 지역과 인종 그리고 계층에 이르기까지 각기 다른 배경을 가지고 있었다. 이렇듯 다문화적인 요소와 배경이 충분하므로 안디옥교회는 다문화 교회로서 주목받아야 한다.

셋째, 다문화 교회의 모델로 안디옥교회를 제시하는 데는 바로 초창기 구성원들 간에 어떠한 혼란과 갈등도 존재하지 않았다는 이유가 한몫했다. 스데반의 죽음 이후 헬라파 유대인을 박해해 강제로 흩어지게 한 바울을 안디옥교회 성도들은 리더로 세우고 배우기까지 했다.

넷째, 함께 생각해 볼 것은 바울이 안디옥교회에서 지도자의 시간을 보낸 후 선교 사역에서 다문화적인 요소들이 가시적으로 나타난다는 것이다. 즉 정통 바리새파 출신이었던 바울이 안디옥교회에서 사역하는 동안 다문화적인 요소들에 긍정적 영향을 받았다는 것이다.

바울 서신에 소개된 여러 교회에서 민족과 계층, 남녀가 함께 사역하는 모습이 목격되는 것은 자연스럽다. 이것은 새롭게 주목할 만한 이슈이므로 오늘날 해석의 범위에 따라 여러 가지 의미로 도출되는데, 안디옥 지역에서 다문화적인 요소들은 당시의 사회 환경에서 자연스러운 일상이다. 사도행전에서 안디옥교회를 사회학적 성서 해석으로 접근하여 다문화 교회의 모델로 제시하는 것이 본 연구의 주된 역할이다.

작금의 대한민국은 다문화 사회의 궤도에 진입하여 더 이상 낯설지 않은 다문화적인 요소들이 사회 전반에 나타나고 있다. 한국 교회가 다문화 사회에 바르게 대응하고 바라보지 못한다면 성경적 근거는 찾아보기 힘들게 된다.

더 많은 고민을 통해 한국 교회가 성경을 본질로 삼은 다문화 교회로 준비되기를 바랄 뿐이다. 그 바람을 외칠 수 있는 기회를 허락한 기독교문서선교회(CLC)와 본 연구를 할 수 있도록 지도해 주신 존경하는 조영모 교수님께 감사를 전한다. 그리고 언제나 곁에서 지지하고 응원해 주는 사랑하는 세 딸(은빈, 에스더, 레베카)과 아내 박정림 목사에게 감사를 전한다.

제1장

서론

1. 안디옥교회와 다문화 교회를 이해하기 위한 준비

20세기 중반 이후 사도행전에 관한 연구는 역사성에 관한 분야를[1] 비롯하여 사회학적 영역에까지[2] 그 관심이 기울여져 왔다. 또한, 그 주제에서도 다양한 학문적 성과로 획기적 시기를 맞이했다.[3]

---

[1] 사도행전의 역사성을 다룬 연구는 다음을 참조. I. Howard Marshall, *The Acts of the Apostles: An Introduction and Commentary* (Grand Rapids: Eerdmans, 1980). *Luke: Historian and Theologian* (Grand Rapids: Zondervan, 1970). 역사성에 회의적인 학자들의 연구는 다음을 참조. Ernst Haenchen, *The Acts of the Apostles: A Commentary*, trans. B. Noble et al (Oxford Blackwell Philadelpia: Westminster, 1971). Hans Conzelmann, *The Theology of St. Luke* (London: Faber & Faber, 1960). Martin Dibelius, *Studies in the Acts of the Apostles* (London: SCM, 1956).

[2] 사도행전의 사회학적인 연구는 다음을 참조. Derek Tidball, *The Social Context of the New Testament* (Grand Rapids: Zondervan, 1984). David A. deSilva, *Embodying the Word: Social-Scientific Interpretation of the New Testament, in the Face of New Testament Studies*, ed. Scot McKnight·Grant R. Osborne (Grand Rapids: Baker Academic, 2004). Rodney Stark and W. S. Bainbridge, *Of Churches, Sects, and Cults: Preliminary Concepts for a Theory of Religious Movements*", *JSSR* 18(1979), 117-133.

[3] 이안 하워드 마샬(I. Howard Marshall)은 그의 사도행전 주석에서 신학적 접근을 위해 역사성을 배제할 필요가 없다고 주장한다. 사도행전에 대해 신학적인 입장

사도행전을 기록할 당시 사회적 부분과 함께 선교적으로도 화제가 된 것은 교회 확장이다.[4] 그것은 초대 교회의 역사와 당시 여러 교회의 상황을 통해 충분히 알 수 있다.[5]

조셉 A. 피츠마이어(Joseph A. Fitzmyer)는 사도행전이 그리스도적 교회의 실제적 역사임을 선언하면서 그의 사도행전 주석을 시작한다.[6] 그는 사도행전의 역사적 사료를 통해 역사성을 의심하는 회의주의자들의 의견을 반박하며, 교회 역사는 실제적인 사건들의 기록이고 세계 역사 중 하나라고 주장한다.[7]

한편, 위더링톤(Ben Witherington III)은 사도행전에 나타난 역사적 정황[8]에 주목함과 동시에 당시 사회적 배경을 통해 복음이 사도들로부터 어떻게 전해지고, 예수 운동이 초대 교회 안에서 어떻게 이루어

을 고수하면서 역사성에 대하여 회의적인 입장을 가진 행헨을 향해 마샬은 반박하기보다 존중하는 태도를 보이며, 신학적인 입장을 가진 회의주의자들의 주장에도 의미가 있는 것으로 받아들인다. Marshall, *Acts*, 10.
[4] 신약 저자 중 오직 누가만이 초대 교회의 역사 안에서 교회가 확장되는 방향을 알려 준다. 마샬은 당시 교회가 지역적으로 확장되는 방향을 예루살렘에서부터 로마까지로 본다. 그러나 궁극적인 교회의 방향은 이방인이 있는 모든 지역이라는 점을 강조한다. Marshall, *Acts*, 19.
[5] Marshall, *Acts*, 17-18.
[6] 피츠마이어는 사도행전이 역사적인 교회에 관한 책으로 기록하고 있는 것을 인정하며 주석을 시작한다. 조셉 A. 피츠마이어, 『사도행전 주해』, 박미경 역 (왜관: 분도출판사, 2015), 41.
[7] 피츠마이어는 당시 교회가 확장되며, 일어난 모든 상황이 역설적으로 세계 역사에 영향을 끼친 사건들이라고 주장한다. 피츠마이어, 『사도행전 주해』, 61-62.
[8] 위더링톤은 마샬이 주장한 사도행전의 역사적 증명에 동의하며, 역사성에서 발견할 수 있는 사도행전의 여러 특징을 중요하게 생각한다. 즉, 역사성에서 사회적인 배경을 살펴보고 상호적 관계성을 찾았다. Ben Witherington III, *The Acts of Apostles: A Socio-Rhetorical Commentary* (Grand Rapids: Eerdmans, 1998), 1-2. 위더링톤은 자신의 저서에서 역사와 사회적 현상이 주는 연관성에 초점을 맞추어 연구하는 사회학적 비평에 관심을 가진다.

지는지를 사회적 관계성에서 찾는다.[9] 위더링톤은 사도행전의 배경에서 어떻게 교회가 이방인들에게 확장되는지 탐색하고 이방 지역의 사회 현상을 설명한다.[10]

위더링톤은 '그리스도인'이라는 단어에서 사회 현상의 근거를 찾으며, 외부에서 안디옥교회의 구성원을 '그리스도인'이라고 부른 것은 당시 시리아 안디옥의 사회 안에서 교회가 의미 있는 영향을 끼쳤다는 증거로 본다.[11]

에케하르트 W. 슈테게만(Ekkehard W. Stegemann)도 자신의 저서 『초기 그리스도교의 사회사』에서 신약 시대 당시의 시대상을 사회학적으로 접근하는 의견에 대해 위더링톤과 비슷하게 주장한다. 슈테게만은 시리아 안디옥에 거주하는 유대인과 이방인 사이의 갈등에 대한 문제들을 신학적 주제를 넘어 사회적 주제로 보아야 한다는 입장이다.[12]

---

[9] 초기 기독교의 공동체는 예수 운동과 모임을 통해 확장되었다. 예수 운동이 가져온 결과는 모임의 인원이 계속 늘어나고, 지역을 광역화하게 된 것이다. Witherington, *Acts*, 1-2. 위더링톤은 예수 운동이 확장되는 상황을 사회적 현상으로 본다. 당시의 디아스포라 유대인들과 주위의 이방 민족들 가운데 이미 유대교를 알고 있거나 입교한 자들에게 기독교의 매력은 파격적이었다. 이러한 모든 것을 사회학적인 관계 속에서 설명한다. Witherington, *Acts*, 367-369.

[10] Witherington, *Acts*, 366-371.

[11] 그리스도인으로 불린 것은 사회적인 파장이 이미 있었다는 것을 말하며, 주위에 새로운 공동체로 인정받은 것을 말한다. 즉 이미 시리아 안디옥에서 자리 잡은 공동체다. 위더링톤은 이방인들이 그리스도인들을 유대교의 한 종파로 보았는지에 대한 논의는 하지 않는다. 하지만 이미 사회적으로 독립된 단체임은 인정한다. 사회학적 접근을 통한 분석에 의하면, 안디옥에서 초기 교회의 모습은 그리스도를 추종하는 사람들이 모인 공동체로 인식된 것이다. Witherington, *Acts*, 371.

[12] 에케하르트 W. 슈테게만·볼프강 스테그만, 『초기 그리스도교의 사회사』, 손성현·김판임 역 (서울: 도서출판 동연, 2012), 424-425.

특히, 안디옥교회에서 베드로와 바나바로 인해 일어난 식탁 문제로 인한 갈등의 경우는 외부인으로부터 주어진 영향력의 문제이기에 신학적 주제로 접근하기보다 사회학적인 문제로 분석할 필요를 슈테게만은 제시한다.

당시의 식사 문화는 공동이 함께 참여하는 형태로 당시 사회에서 중요하게 여긴 문화 형태이다.[13] 동시에 유대인과 이방인의 식사 교제는 두 집단 사이에서 일어나기 드문 사회적 교류이기에 갈등을 품게 되었다고 볼 수 있다.[14]

사도행전에 대한 이 같은 사회학적인 접근의 연장선상에서 본 연구자는 유대인과 이방인이 함께 공동체를 이룬 교회, 즉 안디옥교회라고 부르는 '기독교 공동체'에 주목하고자 한다.

사도행전 6장에 기록된 스데반의 죽음으로 시작된 예루살렘교회의 박해로 일부 헬라파 그리스도인들이 유대와 사마리아로 떠났지만, 다른 이들은 유대와 사마리아의 경계를 넘어 베니게와 구브로와 안디옥까지 흩어지게 된다. 문화권으로 본다면 유대 문화에서 헬라 문화와 로마 문화가 공존하는 지역으로 확대된 것이다.

이렇게 하여 안디옥교회는 다양한 언어, 다양한 민족, 다양한 계층이 함께 공존하는 최초의 다수 이방인 공동체가 된다.[15]

---

13 슈테게만·스테그만, 『초기 그리스도교의 사회사』, 425.
14 이것은 유대인과 이방인 사이의 교제가 일반화 되어 가는 과정을 말한다. 초기 안디옥교회의 형성 과정에서는 유대인과 이방인의 식탁 교제에 아무런 문제가 제기 되지 않았으나 이후 예루살렘교회와 빈번한 교류가 시작되며 문제로 거론 되었다. 슈테게만·스테그만, 『초기 그리스도교의 사회사』, 429.
15 누가는 시리아 안디옥에 생긴 '기독교 공동체'를 교회(ekklesia)로 지칭한다. 안디옥교회는 작은 가정 교회 단위보다 조금 더 큰 규모이고 예루살렘교회로부터 독립된 교회의 형태다. 안디옥교회는 예루살렘교회 이후 조직화된 최초의 이방

사도행전 1-10장 어디에도 이방인과 유대인이 공존하는 '기독교 공동체'의 형태는 찾아볼 수 없으나 사도행전 11장을 시작으로 유대인보다 이방인이 다수가 되는 '기독교 공동체'가 출현한다. 바울과 바나바의 선교 활동이 사도행전 13장을 시작으로 이방인 지역으로 복음이 전해지고, 선교지역이 확대되면서 '기독교 공동체' 내의 유대인들이 소수가 되는 특이한 현상이 계속하여 나타난다.

사실 누가는 사도행전에 소개되는 대부분의 대표적인 교회를 다문화적 형태를 가진 교회로 묘사한다. 사도행전 2:1 이하에 새로운 공동체를 암시하며 나타난 예루살렘교회는 경건한 유대인만의 교회가 아닌 헬라파 유대인과 히브리파 유대인이 함께 이룬 공동체로 그려진다.

또한, 사도행전 10장을 통해 볼 수 있는 이방인 가족으로 이루어진 고넬료 가정 교회도 나타난다. 그러나 사도행전 11:19 이하의 안디옥교회는 이방인과 유대인이 세운 최초의 다문화, 다민족 교회로 간주할 수 있다. 안디옥교회는 다양한 언어, 다양한 민족 그리고 다양한 계층으로 이루어진 다문화 교회의 시작이 된다.[16]

인 교회다. E. 트로크메『초기 그리스도교의 형성』, 유상현 역 (서울: 대한기독교서회, 2010), 65-68.

16 헬라 지역에 존재하였던 '기독교 공동체'와 이교도 공동체들과의 관계는 배타적이라고 간결하게 말할 수 있지 않다. 광대한 각 지역마다, 지형과 사회적 제도 등에 의해 차이가 분명하게 나지만 이방 지역의 초기 '기독교 공동체'와 이교도들과의 관계를 오해하는 부분이 존재하기도 한다. 헬라 지역의 이교도에 대한 바른 이해를 위해 다음을 참조. Robin L. Fox, *Pagans and Christians* (New York: Viking Penguin Inc. 1986). 누가가 사도행전을 기록하며 소개하는 교회들인 고린도교회, 빌립보교회, 에베소교회와 갈라디아교회 등 대표적인 교회들은 헬라 문화 지역에 속해 있었다. 그리고 다문화 사회의 배경을 가진 이방 지역에 형성된 교회라는 사회적 특성을 공통적으로 가지고 있다.

본서에서 말하는 다문화 교회(Multicultural Church)란 초창기 안디옥교회의 모습처럼 인종, 국적, 민족, 문화, 계층, 신분, 언어 등 각자 다른 배경을 가진 사람들이 자신만의 고유한 정체성 그대로 상호 공존하는 교회 공동체를 말한다.

기본적으로 다양한 배경이 존재하고 하나의 대표 인종이나 문화성, 민족, 국적이 특별히 주도하지 않는 교회 공동체를 일컫는다. 안디옥교회는 히브리인들로 시작은 되었으나 여러 민족이 공동체를 이루고 있고 대표성을 가진 민족이나 인종이 없는 것으로 보이기에 최초의 다문화 교회라고 할 수 있다.

본서는 사도행전을 중심으로 안디옥교회와 바울의 행적을 연구 할 것이며, 바울 서신을 참조하여 안디옥교회가 바울에게 미친 영향에 대해 재구성한다. 사도행전만으로는 바울의 생애와 사역, 그리고 신학에 대해 충분한 정보를 제공해 주는 것이 어렵다. 이것은 누가와 바울이 같은 사건에 대해 중첩되거나 유사한 부분들을 보이기에, 사도행전과 서신의 기록들을 비교한다면 더욱 신뢰성을 증명할 수 있다.[17]

본서의 목적은 최초의 다문화적 특징을 지닌 안디옥교회에 관한 다양한 내용을 다루는 것이다. 아래 연구 동향에서 살피겠지만, 사도행전의 사회학적 연구가 상당 부분 진행됐을지라도, 안디옥교회를 사회학적 '다문화 공동체'로 규정하여 구체적으로 연구한 논문은 없었다.

게이저(Gager)가 우려한 것처럼 사회학적 관점보다 문학적, 역사적, 신학적 관심에 편중됐고 당시 각 헬라 지역에서 '기독교 공동체'

---

17 사도행전과 바울 서신을 비교 분석하는 연구의 필요성에 대하여 다음을 참조. 최종상, 『사도행전과 역사적 바울 연구』, 이용중 역 (서울: 새물결플러스, 2020), 295-297.

가 어떻게 그 당시 사회적으로 형성되었고 구성되어 있었는지에 대한 소극적 관심이 그 원인이고,[18] 더군다나 사회학적 관심을 다문화적 측면에서 보고자 한 연구가 상당히 부족했다고 말할 수 있다.

그러므로 초기 '기독교 공동체'는 그 형성 과정을 통해 유대교에서 시작된 공동체로만 인식하고 분석하기보다 다양한 민족으로 인해 다양한 문화, 언어, 사상이 공존하는 '다문화 공동체'로 접근하는 연구가 필요하다.

이는 오늘날과 같이 다문화 사회를 사는 독자들의 사도행전 읽기와 결코 무관하지 않기 때문이다. 티드볼(Tidball)의 주장처럼 '기독교 공동체'가 당시의 다문화적인 사회 구조에서 구체화하기까지 사회에 미친 영향들과 타문화권에 대한 상호 관계성 등에 관한 다중적 연구가 뒷받침된다면 다문화에 대한 좀 더 효율적인 연구가 될 것이다.[19]

---

18 원시 기독교 연구에서 사회학적인 연구가 미비하며, 편파적으로 이루어진 것에 대하여 다음을 참조. John G. Gager, *Kingdom and Community: The Social World of Early Christianity* (Englewood Cliffs: Prentice-Hall, 1975). 사회학적 연구에 앞서 사도행전 역사성에 회의적인 입장을 가진 학자들의 시대적 흐름이 사회학적 연구자들에게 엄청난 영향력을 미쳤다. Jonathan Z. Smith, *The Social Description of Early Christianity*, RSR I(1975), 11-29.

19 티드볼은 그의 책에서 "초기 '기독교 공동체' 구성원은 어떠한 신학적 산물이 아니라 사회 상황의 산물"이라고 주장한 힐(Hill)을 옹호하며, 사회학적 측면에서 2차원적 관점을 벗어나 3차원적 관점 변화에 대한 필요를 강조한다. Derek Tidball, *An Introduction to the Sociology of the New Testament* (Milton Keynes: Paternoster Press, 1983), 10-13. 제임스 W. 톰슨, 『바울의 교회론: 그리스도를 닮은 공동체 재발견하기』, 이기운 역 (서울: 기독교문서선교회, 2019), 312-316. Ronald F. Hock, *The Social Context of Paul's Ministry* (Philadelphia: Fortress Press, 1980), 12-13. 바울의 헬라 문화와 율법의 갈등에 대한 연구는 다음을 참조. Craig C. Hill, *On the Source of Paul's Problem with Judaism*, in *Redefining First-Century Jewish and Christian Identities* (Notre Dame: University of Notre Dame Press, 2008), 311-318. Gred Theissen, *Social Reality and the Early Christians* (Minneapolis: Fortress Press, 1992). 비유대인과 바울의 관계에 대하여는 다음

2. 안디옥교회와 다문화 교회를 이해하기 위한 자세

사도행전에 대한 연구 방법론은 빠르게 변화해 왔다.[20] 그중 사회학을 성서 해석 방법론으로 사용하기 시작한 것은 19세기 후반부터다. 이후 사회학적 연구는 20세기에 양식 비평가들의 방법론과 실존주의 해석과 변증법적 신학에 매료된 유럽 대륙에 의해 잠시 주춤하였다.[21]

을 참조. Martin Dibelius·Werner G. Kummel, *Paul* trans. Frank Clark (London: Longmans, Green, 1953). 그리스인과 유대인의 경계를 무너뜨리고 계층과 신분이 존재하지 않는 평등이 기독교의 시작이었다. 바울이 계급 사회였던 로마 제국에서 여러 경계를 뛰어넘는 발상을 해낸 것은 놀라운 일이며, 예수가 유대 세계에서 체질화되었던 의인과 죄인, 유대인과 이방인, 남성과 여성의 차이를 없애고 평등한 구원을 선포한 것과 유사하다. 박태식, 『팔레스티나에서 세계로』 (파주: 들녘, 2019), 255-257. 하지만 바울의 격격적인 사상과 예수가 보여 준 신분, 계층의 경계를 무너뜨린 사역에도 불구하고 사회적 갈등의 형태가 여전히 '기독교 공동체' 내에 존재했다. 사회적 갈등이 종교적 갈등에서 유사한 형태로 나타나는 현상에 대해 다음을 참조. 오토 마두로, 『사회적 갈등과 종교』, 강인철 역 (서울: 한국신학연구소, 1993), 126-135. 마두로는 지배 계급이 존재한 사회는 구분과 차별 그리고 억압이 사회적 갈등에서 종교적 갈등으로 이어지는 것으로 보았다.

20 19세기 이전 종교 개혁까지 사도행전 존재에 관한 관심은 거의 없었으며 연구물 또한 적은 분량이었다. 비평이 있기 이전 시대의 사도행전 연구에 관하여는 다음을 참조. A. J. Mattill·Mary B. Mattill, *A Classified Bibliography of Literature on the Acts of the Apostles* (Leiden: E. J. Brill, 1966). Werner Bieder, *Die Apostelgeschichte in der Historie* (Zurich: EVZ-Verlag, 1960). 1940년 이후 사도행전 연구에 관하여는 다음을 참조. Donald Guthrie, *Recent Literature on the Acts of the Apostles, Vox Evangelica II* ed. by R. P. Martin (1963), 33-49. Werner G. Kummel, *Das Urchristentum, TR* N.F. 22 (1954), 81-95. Erich Grasser, *Die Apostelgeschichte in der Forschung der Gegenwart, TR* N.F. 26(1960), 93-167. E. Earle Ellis, *The Gospel of Luke* (Eugene: Wipf and Stock Publishers, 2003), 2-62. 사도행전의 연구 방법에 대한 역사적 흐름은 다음을 참조. W.W.가스꼬 『사도행전 비평사』, 권성수·정광욱 역 (서울: 도서출판 엠마오, 1991), 9-35.

21 타이센 이전에도 미국의 시카고 학파라 불리는 셜리(Shirley J. Case)와 샤일러

그러나 타이센(Theissen)에 의해 1970년대 초부터 사회학적 해석에 관한 관심이 다시 일어나기 시작했다.²² 양식 비평에 의해 사라질 것 같았던 사회학적 연구는 다시 세상으로 나왔다.
스크룩스(Scroggs)는 초기 기독교 사회학에 관한 관심이 중요한 것은 당시 신약성경의 현실에 대한 온전한 이해를 돕는 중요한 연구이기 때문임을 강조하였다.²³
사회학적 연구는 바로 그 당시의 사회와 문화, 역사의 상호 작용을 통해 청중과 저자의 사회적이고 문화적인 맥락을 잘 연결해 주는 작업이다.²⁴

(Shailer Mathews)를 비롯한 학자들이 사회학적 연구를 이어가고 있었다. 사회학적 연구에 대하여 다음을 참조. Shirley J. Case, *The Evolution of Early Christianity* (Chicago: Universitry of Chicago Press, 1914). Shailer Mathews, *The Social Teaching of Jesus: An Essay in Christian Sociology* (New York: MacMillan, 1897). E. A. Judge, *The Social Patterns of the Christian Groups in the First Century* (Londen: Tyndale, 1960).

22 타이센은 사회학적 연구가 양식사적 연구의 갱신이고 연속이라는 견해를 통해 시대사는 사회사로 양식사는 문학사회학으로 발전하는 것으로 여겼다. 타이센의 사회학적인 연구에 관하여 다음을 참조. Gerd Theissen, *The Social Setting of Early Palestinian Christianity* (Philadelphia: Fortress, 1978).

23 사회학적 연구 방법은 그 당시를 이해하기 가장 좋은 방법이다. Robin Scroggs, *The Sociological Interpretation of the New Testament*, NTS 26 (1980), 164-179.

24 사회학적 연구는 독자적인 방법론으로 해결하기보다 인근의 방법론인 문화적, 역사적 연구 방법론과 함께 발전해 왔다. deSilva, *The Face of New Testament Studies*, 118. 서중석은 사회학적으로 성서를 해석하는 것이 신학적, 윤리적, 정치적, 종교적 진술들 자체에 중점을 두는 것이 아닌, 그 진술들과 함께 사회적 상황들과의 관계에 두는 것으로 보았다. 사회학적 신약성경 연구는 다음을 참조. 서중석, 『바울 서신 해석』 (서울: 대한기독교서회, 1998), 14. 현대에는 사회 현상을 과학적인 관찰과 상호적인 관계를 고려하여 연구하는 사회-과학 연구 방법론이 사용되기도 한다. 노성호·구정화·김상화, 『사회과학 연구 방법론』 (서울: 박영사, 2018), 3-10. 그러나 본 연구는 사회-과학 연구 방법론에서 중요한 요소인 사회학적 상상력을 지향하기에 과학적 방법론과 함께 병행하여 연구하는 것을 고집하지 않으므로 사회-과학적 방법론을 취한다고 볼 수 없다.

호슬리(Horsley)는 헹엘(Hengel)[25]이 역사적 맥락으로만 이해할 경우 추상적 개념에 봉착할 수 있다고 우려하며 사회적, 역사적 맥락을 함께 이해해야 하는 것을 강조했다.[26] 드실바도 사회학적 연구를 통해 당시의 사회상과 현실적 상황을 잘 이해하고 사회-문화적 요소와 더불어 말씀을 구체화 할 수 있다고 여겼다.[27]

푸르니(Marcel Fournier)는 신약 당시의 계급 갈등과 사회적 갈등으로 인한 역사적 상황은 사회 문제이기에 사회학으로 연결되어야 함을 강조한다.[28] 그러므로 본 연구는 다양한 문화, 인종, 민족, 종교, 계층이 공존한 안디옥교회를 중심으로 연구함에서 사회학적 성서 해석 방법론을 사용할 것이다.

시리아 안디옥의 초기 기독교 당시의 사회적 현상과 문화적인 요인들을 역사적 맥락과 함께 고려하여 안디옥교회의 형성 과정과 배경 가운데 다문화 요소를 고찰하고, 필요할 경우 학자들의 역사적 연구를 통하여 비교, 분석하는 작업을 병행할 것이다. 본서는 다음과 같은 순서로 진행된다.

첫째, 안디옥교회의 형성 과정과 구성원에 관한 연구이다. 이방 지역에 생겨난 안디옥교회가 다문화 교회의 모델이 되기까지의 과정

---

25 헹엘의 연구 관하여 다음을 참조. Martin Hengel, *Judaism and Hellenism: Studies in Their Encounter During the Early Hellenistic Period* (Eugene: Wipf & Stock Publishers, 2003).
26 호슬리는 유대교와 헬리니즘 자체를 추상적인 개념으로 여겼다. 리처드 A. 호슬리, 『서기관들의 반란』, 박경미 역 (고양: 한국신학연구소, 2016), 21-22.
27 deSilva, *The Face of New Testament Studies*, 118.
28 Marcel Fournier, *Emile Durkheim: A Biography* trans. David Macey (Cambridge: Politry Press 2013), 13.

을 살펴보고 가장 중요한 사건과 구성원에 대해 분석하고자 한다. 안디옥교회는 형성 과정에서 이방 지역에 이주한 유대인들을 시작으로 생겨난 교회이며, 교회의 구성원 중 이방인이 다수가 되는 다문화 교회라는 것이 설명될 것이다.

둘째, 필자는 다문화적인 안디옥교회가 구조적으로 어떻게 관리되고 있는지 알아보기 위해 대표적인 주요 지도자를 분석하고자 한다. 이들 주요 지도자 가운데 사도행전 13:1에 기록된 5인에게 집중될 것이며, 그들의 출신 배경, 인종, 언어, 사회적 계층, 사회적 지위에 맞춰 연구될 것이다. 이 같은 다양성에 관한 연구는 다문화 교회의 전형적인 모습을 보여줄 것이며, 다문화 교회의 지도력이 미친 영향을 밝히는 좋은 기준을 마련할 수 있을 것이다.

다음으로 필자는 안디옥교회의 주요 지도자 중 한 명인 바울에 치중하여, 그가 경험한 안디옥에서의 다문화적 사역이 이후 그의 사역 과정에서 어떤 영향을 주게 되는지를 살필 것이다. 우선 그 영향이 바울의 남성 다문화 사역자들과 연결된다는 점이 강조될 것이다. 이들은 디모데, 누가, 그리고 디도처럼 다문화적인 배경을 가진 자들이다.

다음 장에서 바울과 동역한 여성에 초점을 맞춰 알아보고 사회적으로 낮은 신분에 속하였던 여성들을 바울이 어떻게 리더로 세워서 사역했는지를 살핀다. 사회 계급의식이 존재했던 신약 시대 당시의 사회 상황에서 바울이 세운 여성 동역자에 관한 연구를 통해 다문화성의 범위와 의미를 확대하고자 하는 것이다. 마지막 결론에서는 본 논문의 연구 결과가 갖는 함의가 무엇인지를 논할 것이다.

3. 안디옥교회와 다문화 교회를 이해하기 위한 도움

사도행전 배경을 통해 보이는 당시의 사회상은 이스라엘을 넘어 이방 지역으로, 유대인에서 이방 민족으로 광역화되며 흐름이 점차 문화와 사회, 종교 등 다양성이 나타나는 교회들이 사도행전에 출현한다. 그러나 현재까지 국내외 학계의 연구 동향은 사도행전의 역사성이나 문학성을 기반으로 한 신학적 연구와 비평사적인 연구에 치중됐고, 다문화성을 중심으로 연구하는 국내외 신약학계의 학술적 연구가 부족한 것이 현실이다.

그러므로 사도행전의 기존 연구 방식인 역사적, 문학적, 비평사적 연구 흐름이 아닌 새로운 관점인 다문화적 연구 분야는 필요하며 또한 흥미롭다고 할 수 있다. 사도행전의 다문화 교회를 다루는 것이 본 연구의 중심 목적이므로 다양성을 잘 나타낸 역사적이고 사회학적 연구물을 중심으로 연구 동향과 흐름을 살필 것이다.

1) 프레드릭 F. 브루스(Frederick F. Bruce)

프레드릭 F. 브루스(Frederick F. Bruce)는 시리아 안디옥에 대하여 오랫동안 여러 민족과 다양한 문화를 수용하는 것이 그 지역의 특징임을 언급한다.[29] 그 가운데 자신의 저서 『신약사』에서 설명한 초대

---

[29] 브루스는 역사적 연구를 통해 1세기의 지리적, 정치적, 역사적 상황이 사도행전의 기원을 밝힐 수 있다는 결론을 도출한다. 프레드릭 F. 브루스, 『사도행전: 상』, 이용복·장동민 역 (서울: 아가페출판사, 2014), 21. 프레드릭 F. 브루스, 『신약사』, 나용화 역 (서울: 기독교문서선교회, 1986), 310.

'기독교 공동체'에서 이방인과 유대인이 공존하는 교회가 세워진 시리아 안디옥의 특징을 다음과 같이 정리할 수 있다.

첫째, 시리아 안디옥은 여러 민족이 혼합하여 살아온 상업 도시이며, 경제적으로 풍족한 도시이고 행정의 중심 도시다. 다민족이 혼합되고 다양한 문화가 공존하는 안디옥이 유대인들과 무관하지 않고 초대 예루살렘교회에서 헬라파 그리스도인으로 언급된 이방인 니골라를 안디옥 사람으로 설명한다.

둘째, 니골라가 유대교에 가입하고 예루살렘에서 지도자의 지위까지 가지게 된 것은 시리아 안디옥에 유대 문화가 사회적으로 작은 비중이 아니라는 역설로 본 것이다. 또한, 브루스는 안디옥교회가 다수의 이방인으로 구성된 것에 초점을 두며 그 이유를 '하나님을 경외하는 자'(God Fearers)들이 초대 교인이 된 것으로 여겼다.[30] 이것은 안디옥교회가 처음부터 다민족이 모이고 다양한 문화가 공존하는 공동체라는 것을 역사적인 배경과 사회학적인 측면을 통해 증명하는 것이다.

브루스는 사도행전 11:26에 안디옥교회 성도들을 지칭하여 "그리스도인"이라고 하는 호칭에 사회학적 의미가 내포되어 있다고 주장한다.[31] 이 용어는 사도행전 11장 이전 어디에도 기록되지 않으며 또

---

30 브루스, 『신약사』, 311.
31 브루스, 『신약사』, 313. 뱅크스(Robert Banks)는 그리스도를 따르는 자들이 유대교의 한 종파인 나사렛당으로 불리는 것을 당연한 것으로 본다. 그러나 나사렛당이 아닌 그리스도인이라고 불리게 된 것은 새로운 종교나 학파로 보게 되는 사회적 현상이라고 설명한다. 로버트 뱅크스, 『바울의 공동체 사상』, 장동수 역 (서울: 한국기독학생출판부, 2017), 42.

한 어느 민족의 이름 하나가 거론되지 않고 오직 그리스도인으로만 안디옥교회 성도들의 정체성을 나타냈다.

브루스는 안디옥에 있는 교회 성도들이 그리스도인이라고 불리는 부분이 바로 이방인 불신자의 시각에서 바라보았을 때 정확한 시선이라고 주장한다.[32] 이방인의 시각에서 다문화적으로 모인 안디옥교회 공동체가 가진 공통점 "그리스도인"이라는 용어는 긍정적이지 않은 비꼬는 의미를 내포하고 있음을 지적하며 강조했다.[33]

브루스는 안디옥교회의 담당자로 바나바를 파견한 것에서 안디옥교회가 갖는 다문화성에 주목해야 함을 강조한다. 이 가능성은 이전 사마리아교회를 조사하기 위해 베드로와 요한을 파견한 상황과 비교할 때 사도가 아닌 제자 바나바를 파견한 것에서 충분히 알 수 있다고 본 것이다. 브루스는 안디옥교회의 다문화성을 충분히 고려하여 예루살렘교회가 바나바를 적임자로 여겼다고 주장한다.

---

32 브루스는 유대인들이 그리스도인이라는 용어를 사용하지 않았을 것으로 본다. 메시아의 헬라어 발음과 유사한 그리스도인이라는 용어를 사용하는 것을 극도로 꺼렸을 것이다. 왜냐면 유대인들이 그리스도인이라는 표현을 사용하면 예수를 인정하는 꼴이 된다고 판단하여 그리스도인이라는 표현이 아닌 나사렛당이라고 하는 표현을 사용한다. 프레드릭 F. 브루스,『초대 교회 역사』, 서영일 역 (서울: 기독교문서선교회, 2011), 116-117.
33 브루스는 그리스도인이라는 표현이 신약성경에 3번 나오는데 사도행전에만 2번 나오는 것을 강조한다. 행 11:26; 26:28에 나오는 표현 모두 다 긍정적인 표현을 담고 있는 맥락이 아니다. 브루스,『신약사』, 313-314. 나머지 신약성경에 나오는 곳은 벧전 4:16이며, 앞에 언급한 부분과 같이 긍정의 의미를 담고 있지는 않다. 벧전 4:16은 국가를 인정하지 않는 자들로 적대적인 의미를 내포한 것으로 기록되어 있다. 브루스,『신약사』, 491.

본 연구자는 단순히 안디옥교회에 발생한 사태에 대한 파악만을 위한 파견이었다면 이전처럼 사도 가운데 파견하는 것이 정당하다는 브루스의 견해에 동의한다. 또한, 이방인 지역의 문화에 익숙한 사람을 선택하여 파견한 부분을 미루어 보아 이미 예루살렘교회 지도자들이 안디옥교회를 다문화적으로 보았음을 증명하고 있다고 보는 브루스의 주장을 지지한다.

그러나 브루스는 유대인과 이방인의 교회 안 공동체의 모습을 이해하기 위해 적합한 인물이 바나바인 이유가 헬라파 그리스도인이라는 것으로 제한하고 더 진행하지 않고 침묵한다는 것에는 아쉬움이 있다.

2). 제임스 D. G 던(James D. G. Dunn)

초기 교회의 시작을 사회 현상과 밀접한 관련이 있다고 주장하는 던은 안디옥교회와 이방인들과의 관계를 규명하는 데도 사회학적인 연구에 큰 관심을 기울였다.[34]

던은 기독교의 발흥을 트뢸치(E. Troeltsch)처럼 종교 현상같은 집단의 움직임이나 계급 갈등의 현상으로 보는 마르크스주의 사회 분석에 반대한다.

그 이유는 앞에서 설명한 집단의 영향이 아닌 개인 가정과 소규모 모임의 사회적 역동성이 기독교 발흥에 주된 영향이 되었다는 것이 이미 사도행전과 바울 서신으로 충분히 드러나 있기 때문이다.

---

[34] James D. G. Dunn, *Beginning from Jerusalem: Christianity in The Making Vol. 2* (Grand Rapids: Eerdmans, 2009), 42-43.

이것은 사도행전의 내용만으로도 사회학적 분석을 충분히 시도할 수 있다는 것이고 사회학적 접근이 당시의 기독교 형성 과정을 서술하기에 좋은 방법이며 적절한 역할이라는 것이다.[35]

던은 바울이 사상적으로 변화하게 된 이유 중 하나로 할례를 염두에 둔다. 던에 따르면, 바울은 바리새파였고 비율법적인 초기 기독교의 내용에 대한 위기감으로 그리스도인들을 박해하였다. 정통 바리새파로서 율법주의자였던 바울에게 예수를 따르는 자들은 그의 박해의 중요한 이유였다.

그러나 다메섹 환상 사건 이후로 회심한 바리새파 바울은 율법에 대해 새로운 관점을 보기 시작한다. 초창기 안디옥교회 사역 이전까지의 역사적 자료가 충분하지 않아 바울의 할례에 대한 인식 변화의 시점이 언제부터인지 그 시기를 추측하기 어렵다.

그러므로 안디옥교회 사역 전후를 기준으로 바울의 신학적 변화를 평가하는 것이 적절하다. 바울이 안디옥교회에서 사역하기 이전부터 공동체 구성원들 간 할례에 대해 아무런 갈등이나 다른 문제가 전혀

---

[35] 사도행전을 통해 예루살렘교회를 사회학적으로 분석할 수 있다. Dunn, *Beginning from Jerusalem*, 36-37. 던의 주장처럼 사회학적 연구물들은 기독교의 발전 과정에서 사회적 상호 작용이 중요한 역할을 차지했다고 강조한다. 초기 기독교의 정치적, 사회적 환경의 테두리 안에서 일어난 역사적 배경인 사건들이라는 것을 잊어서는 안 된다. 하지만 사회인류학과 심리학으로 도저히 접근이 불가한 경우가 나타나면 던은 주저함 없이 성령과 영적 현상을 함께 조사해야 하는 필요성을 강조한다. 던은 사회학적인 접근이 불가능할 때 종교적인 집단성에 초점을 맞춘 트뢸치의 의견을 반대하며, 또 다른 방향인 성령에 대한 관점으로 접근할 것을 강조한다. Dunn, *Beginning from Jerusalem*, 43-44. 스타크(Rodney Stark) 역시 사회학적인 연구 방법론에 대한 사용이 신성 모독, 즉 영적인 부분을 부정하는 것처럼 보일 수 있다는 우려와 함께 강한 긴장 관계를 맺고 있어야 한다는 주장을 앞서 설명하였다. Rodney Stark, *The Rise of Christianity* (New York: Harper One, 1997), 3-4.

나타나지 않았으며 바나바와 사역하던 일 년 동안 문제가 된 부분이 성경 어디에도 나오지 않는다.

던은 바울이 안디옥에서 사역을 하던 중 할례 문제로 어떤 갈등도 나타나지 않았다는 것에 주목한다. 따라서 할례에 대한 바울의 인식 변화가 안디옥교회 사역 이전부터인지 아니면 이후 영향을 받은 것인지에 대해서 명확하지 않다는 것이 던의 견해이다.

바울이 율법이나 할례같은 행위가 더는 자신을 구별 짓는 수단이 되지 못한다는 것을 그리스도와의 만남으로 이미 알았다면 언제부터 율법적인 할례에 대해 자신만의 독특한 태도를 보였을까?[36]

초창기 안디옥교회는 예루살렘에서부터 급하게 도주한 헬라파 그리스도인들이 세우고 책임져 왔다. 안디옥교회가 세워지고 약 10년 뒤 바나바와 바울이 담당자로 오게 될 때까지 할례에 대한 강요나 시행이 없었다. 그리고 바울과 바나바가 목회하고 일 년 뒤 떠날 때까지 할례에 대한 갈등이 없었던 것으로 보아 바울이 이 부분에서 같은 생각이었다고 던은 분석했다.[37]

그러므로 바울의 신학 형성에 다메섹 도상 경험이 가장 큰 영향을 끼쳤을 것으로 던은 주장한다.[38]

---

36   Dunn, *Beginning from Jerusalem*, 361.
37   바리새파 출신인 바울이 이방인 개종자들에게 할례에 대해 강요하는 자리에 있어야 하는 데에도 불구하고 성경 어디에서도 할례를 이방인 개종자에게 강요한 흔적은 없다. Dunn, *Beginning from Jerusalem*, 360-361.
38   Dunn, *Beginning from Jerusalem*, 372-372. 바울의 신학에 안디옥교회가 상당히 큰 영향을 끼쳤다는 것은 당연하다. 하지만 바울의 할례에 대한 인식의 변화가 확실히 안디옥교회 사역 이전인지 확정을 짓기에는 충분한 묘사가 없다. 오로지 모두 다 찬성할 수 있는 것은 안디옥교회 사역 이후 바울은 할례에 대해 어떠한 중요한 의미를 두고 있지 않다는 것이다.

할례가 안디옥교회에서 문제가 되지 않은 것에 대해 던은 여러 방향으로 추정한다. 그중 하나는 성령 강림이 이미 일어난 후이기 때문에, 할례를 통해 하나님의 백성으로 입문하는 과정이 불필요했을 것으로 보는 것이다.[39]

또한, 이방인에 대한 획일적이고 보편적인 관습에서부터 벗어나 전통을 강요하지 않았다는 것은 어쩌면 이방인을 또 다른 새로운 종파로 간주했기 때문이었을 것이라는 관점도 있다.[40]

시리아 안디옥이 유대의 전통에서 조금은 자유로운 다문화적 도시라는 점에 주목해야 한다는 것이다. 우리가 확신할 수 있는 분명한 점은 안디옥교회는 할례와 율법 이외에도 이방인과의 식탁 문제 등 다양한 다문화적인 요소들이 산재해 있어 폭넓은 연구 범위를 가지고 있다.

이 점을 고려한다면, 던이 유독 할례 문제에만 고려한 점은 다소 아쉬움이 있다.[41] 그러나 던은 여러 주제를 안디옥교회의 사건들에 맞추어 연구할 때 유독 할례 문제에 연관 짓는 경향을 보여 준다.

물론 던은 안디옥에 대한 상황을 분석하며 할례 외에도 다른 몇몇 방면을 더 조사하고 연구한 학자임은 틀림없지만 다른 비중 있는 요소들이 안디옥교회에 대한 연구에서 다루어진다면 다문화 교회의 윤곽이 더욱 뚜렷해질 것이다.

---

39 Dunn, *Beginning from Jerusalem*, 442.
40 Dunn, *Beginning from Jerusalem*, 443.
41 Dunn, *Beginning from Jerusalem*, 416-489. 다른 비중 있는 요소들이 안디옥교회에 대한 연구에서 다루어진다면 다문화 교회의 윤곽이 더욱 뚜렷해질 것이다.

3) 로드니 스타크(Rodney Stark)

시리아 안디옥을 보다 정확히 아는 데 필요한 관점이 사회의 물리적 구조, 사회 환경, 사회 관계라고 주장한 스타크는 신약을 사회학적으로 연구하는 대표적인 학자다.

그는 현재 신약 시대 당시를 이해하기 위한 연구들이 아주 부족한 상황이라고 판단하면서 그 연구를 위하여 무엇보다 도시에 초점을 맞추어 연구하는 것이 중요하다고 주장한다.[42] 복음서를 제외한 신약성경 대부분 배경이 도시를 중심으로 하고 있으므로, 도시의 상황을 이해하는 것이 본문 이해를 위해 선제로 필요한 연구다.

이런 관점에서 시리아 안디옥에 거주하는 디아스포라 유대인은 도시인이므로 스타크의 주장은 중요하다. 안디옥교회에 대한 연구로 당시 3대 행정 도시 중 하나였던 시리아 안디옥이라는 도시에 대한 이해에서 출발해야 한다. 스타크의 사회학적인 접근은 당시의 현실적 사회상을 그대로 투영하여 당시 현장에서 일어난 사건들을 이해하도록 시도하는 것이다.[43]

안디옥교회가 있던 시리아 안디옥은 그 당시 상당히 규모가 있고 지리적으로도 중요한 위치에 있었다. 추정 인구가 50만이나 되는 대

---

42 Stark, *The Rise of Christianity*, 147.
43 도시의 거리, 하수구, 배관, 상수도, 건물, 산업, 시장, 민족, 거주지, 범죄, 쓰레기, 거지 등 당시 사회적 상황을 나타내는 요소에 대한 이해 없이 시리아 안디옥을 바라볼 때 우리가 가장 먼저 범하는 오류는 바로 상상으로 당시를 이해해 버리는 것이다. 실제적인 환경의 이해에 최대한 가깝게 다가가는 것은 중요한 작업이다. Stark, *The Rise of Christianity*, 148. 문화, 정치, 군사 등에 대한 이해에만 그친다면, 사실에 기초한 연구는 처음부터 난관에 부딪친다.

도시이지만 다른 행정 수도인 로마, 알렉산드리아와 비교하여 주거에는 열악한 환경이었다. 우선 도시의 생성 당시 후대에 이르러 행정 수도 역할까지 감당한다는 계획이 있었던 도시가 아니므로 인구 이동으로 인한 인구수의 증가보다 도시 개발이 뒤처진 상황이었다.[44] 인구 밀도로 보았을 때 로마의 어느 도시보다도 높았으며 현대의 대도시들과 비교해도 현저히 높다고 스타크는 주장한다.[45]

안디옥은 높은 인구 밀도에서 나타나기 쉬운 위생적인 문제와 교육을 비롯하여 이웃 세대와의 주거에서도 특이점들을 안고 있었다. 먼저 로마는 어느 고대 나라들보다 수로, 하수도, 도로 건설에 등 앞선 문화를 보였다. 그러나 스타크는 고고학적 발견을 근거로 시리아

---

[44] 스타크의 주장에서 사회적 묘사를 통해 주목해야 할 부분은 시리아 안디옥이 상당히 도시화되었다는 점이다. 이미 도시는 발전되었지만, 계획 도시가 아니므로 안디옥 내부의 발전 형태가 고르지 않았다는 점을 고고학 자료를 통해 증명한다. 도시 내부의 모든 지역이 평준화되어 발전되지 못한 것은 당연하다. 스타크의 정밀한 묘사로 보자면, 시리아 안디옥의 발전 불균형 정도가 심한 것은 도시의 발전이 예상치 않은 상태에서 급격하게 이루어져 인구가 증가하는 과정을 지도자들이 미흡하게 대처했다는 주장이다. Stark, *The Rise of Christianity*, 149. 호슬리(Richard Horsley) 또한 신약 시대 당시 이스라엘의 도시화가 로마를 통해 일어났던 점을 강조한다. 일반적으로 낙후된 지역으로 예상하는 갈릴리의 경우 A. D. 70년 이후부터 대략 140년 사이 고위관료나 부자들의 이주가 빈번했다는 주장으로 보아 신약 시대 당시 나라마다 몇몇 도시의 발전이 급격하게 이루어지는 현상이 존재하였음을 추정할 수 있다. 리처드 호슬리, 『갈릴리: 예수와 랍비들의 사회적 맥락』, 박경미 역 (서울: 이화여자대학교 출판부, 2007), 106-107.
[45] 1세기 말 시리아 안디옥의 인구 밀도에 대해 자세히 설명하고 있다. 주전 안디옥이 건설될 당시 면적은 2.5제곱킬로미터 정도에 불과했으며 이후 성벽 확장 공사도 그리 많이 이루어지지 않았다. 신약 시대 당시 안디옥의 성벽을 마주한 인구는 전체 인구 중 15만 명 정도 되는 것으로 추정하였을 경우 1에이커(대략 4,046제곱미터)당 117명이 된다. 스타크는 현대의 뉴욕과 시카고의 경우 각각 1에이커당 37명과 21명인 것에 비하면 3-4배에 가까운 아주 높은 인구 밀도인 것으로 비교한다. Stark, *The Rise of Christianity*, 149-150.

안디옥은 작은 주택에 칸막이를 이용해 여러 세대가 공동으로 거주한 것으로 보았다. 주택 내에 많은 사람으로 붐비며 상수도와 하수도가 갖추어지지 않아 불결한 위생으로 인한 전염병의 발생률이 높았을 것이다.

이것은 단순히 위생 문제만이 아니라 의료의 발전이 상당히 낮았던 고대 사회에서는 생존에 관한 문제였다. 또한, 협소한 주택이 가진 다른 문제점은 바로 요리를 하는 것과 함께 난방에 대한 부분이다.

작은 주택에 여러 세대가 거주한다면 분명 벽난로 또는 화로의 설치가 쉽지 않은 상황임을 알 수 있다. 방마다 벽난로 또는 화로 등이 설치되지 않았다면 장작을 땔 때 도시 전체가 나무가 연소 되며 나오는 연기로 온통 뒤덮이며 시민들의 호흡기 등 관련 질병이 많이 발생했을 것으로 추정된다.[46]

로마의 도로 발전은 상당히 놀라운 수준이지만 고고학자들에 발견된 고대 시리아 안디옥의 도로는 아주 좁았다. 도로가 좁은 것은 어쩔 수 없으나 위생과 질병에 있어 안디옥의 위생 문화는 심각한 수준이었다.[47]

협소한 주택의 주거 환경이 가져다주는 화재 또는 치안에 대한 두려움은 귀족이나 일반인이나 모두 동일한 공포였을 것이며, 굴뚝이

---

46 시리아 안디옥은 로마의 3대 도시로 행정 수도를 담당하였지만, 계획되지 않은 도시 발전으로 인해 주거지와 도로가 아주 협소한 도시로 평가된다. Stark, *The Rise of Christianity*, 151.
47 물론 스타크는 안디옥의 상황이 어찌 되었던 로마가 가진 특징적 문화인 공중목욕탕과 공중화장실 등이 있을 수 있다는 언급을 하며, 자신의 시각만을 강압적으로 제시하는 것은 아니다. 즉, 새로운 이해가 가능하다는 여러 변수를 열어두었다. Stark, *The Rise of Christianity*, 152.

없는 가정에서 내뿜는 연기는 저녁마다 도시를 뒤덮으며 공포였을 것이다. 안디옥이라는 도시가 실제로 어떠한 사회적 구조로 형성되었는지를 통해 스타크가 연구하고자 한 것은 기독교와 타종교의 공존이다. 전체적으로 디아스포라 유대인이 이스라엘 지역에 거주하는 유대인보다 수적으로 능가하였다. 그리고 디아스포라 유대인들의 특징은 대도시를 중심으로 안정된 생활을 하였고 회당을 중심으로 가까운 곳에 모여 살았다는 중요한 특징을 가지고 있다.

디아스포라 유대인이 안디옥에 정착하는 과정에서도 여전히 다른 민족들보다 적지 않은 인구와 수 세기에 걸쳐 경제적으로 안정된 생활을 하는 경우가 많아 스타크는 시리아 안디옥에서 유대인의 환경이 협소한 주택에 거주하는 다른 민족들보다는 안락한 생활을 하였다고 보았다.[48]

대도시이며 많은 인구와 여러 인종과 국적의 사람들이 살아가고 있는 다문화, 다민족 도시 안디옥에서 기독교가 타종교보다 우위일 수 있었던 이유를 바로 협소한 주거 환경과 질병 등 여러 문제와 기독교의 관계에 있다고 보았다. 게다가 디아스포라 유대인은 타종교보다 공동체 생활을 중요하게 여겼고 안식일마다 모이므로 만나는 빈도가 높았다.

그리고 스타크는 디아스포라 유대인이 예루살렘에 거주하는 유대인들보다 타민족, 타종교, 타인종, 타문화에 대한 거부감이 상당히 낮아 교회의 문턱이 낮았다는 부분에서 기독교가 타종교와 비교하여

---

[48] Stark, *The Rise of Christianity*, 152-154.

우위를 점한다고 여겼다.⁴⁹ 더불어 유대인들의 생활 문화에 상당히 매력을 느끼고 있던 민족들이 여전히 유대교와 흡사한 기독교에 관심을 가지는 것은 당연했다고 스타크는 주장한다.⁵⁰

스타크는 이 부분에 주목하며 디아스포라 유대인과 안디옥 사람들과의 경계 없는 주거 환경이 안디옥교회의 다문화적 특징을 이루는 데 큰 역할을 하였다고 주장한다. 그리고 전염병과 질병에 대한 기독교의 치유 능력 또한 큰 역할이었다고 주장하는 스타크의 의견에도 불구하고 스타크의 사회학적인 연구에 성경적 배경과 관점이 간과되고 있는 점은 아쉬운 판단이다.

4) 마이클 그린(Michael Green)

그린은 시리아 안디옥을 특별히 복음과의 관계에서 주목한다. 그린은 복음이 전해지는 루트와 상황들이 당시의 지역에서 어떻게 이루어졌는지 관심을 가진다. 우선 그린의 관심은 시리아 안디옥의 순수 이방인들이다.

복음이 전해지는 과정 가운데 가장 중요한 지점으로 여기는 것은 예루살렘 울타리 안에서 거주하는 나그네 이방인들이 아닌 타지역 이방인들이 시리아 안디옥에 언급되는 것이 그린에게 중요한 관심이

---

49   그것은 본래 유대교의 까다로운 입교 과정을 어려워했던 이방인들과 관련이 있다. Stark, *The Rise of Christianity*, 149.
50   매력적이었던 유대교 그리스도인들이 같은 공간에 거주하는 다른 민족에게 메시아 예수를 전할 때 유대교에 대한 선한 인상이 큰 영향을 미친 것으로 보인다. Stark, *The Rise of Christianity*, 58-59.

된다.[51] 그린은 복음이 예루살렘에서 어떠한 자들을 위한 것인지 다음과 같이 언급한다.

> 유대인, 이방인, 교육받은 자와 미개인, 남자와 여자, 종과 자유인 등 모든 사람을 위한 것이다. 이에 대해서는 가장 초창기의 교회에서도 논란의 여지가 없었다. 단 비유대인 개종자의 경우 어느 정도까지 이스라엘의 외적인 표시인 의례와 율법을 좇아야 하는가 하는 문제를 놓고 신랄한 논쟁이 있었다. 구원은 진실로 유대인에게서 오고 그 근원은 율법 아래서 태어난 한 남자 안에 있다.[52]

예루살렘에서는 기독교에 누구든 들어올 수 있었지만, 비유대인 개종자의 경우에는 유보적 견해였다. 그런데도 유대교로 개종한 이방인이 복음을 통해 기독교로 들어올 수 있다는 조건은 예루살렘에서 몹시 어려운 것이 아니다.[53]

그러나 이방 지역에서는 그것이 불가능하거나 어려운 조건으로 보였다. 그린은 그러한 부분에서 안디옥의 배경이 되는 사도행전 11:20부터는 더 이상 유대교로 개종한 이방인이 아닌 순수 이방 지역에 거주하는 이방인의 복음 전도가 어떠한 파문을 일으켰는지 지대한 연구를 하였다. 시리아 안디옥은 다문화적이고 다인종적이며, 유대교와 전혀 관계없는 순수 이방인들의 도시에 복음이 전해졌다는 것은

---

51 Michael Green, *Evangelism in the Early Church* (Grand Rapids: Eerdmans, 2004), 162.
52 Green, *Early Church*, 161.
53 Green, *Early Church*, 162.

그 분야를 연구하는 그린에게 상당한 호기심을 불러일으킬 만한 상황들이었다.

이것은 하나님의 복음 전도의 계획 가운데 순수 이방인에 대한 최초의 성공 사례다. 사마리아인, 에티오피아 내시, 고넬료 등은 경건한 유대교 개종자들이거나 유대교의 그룹에 속한 자들에게 복음이 전파되고 확장되는 것이기에, 이스라엘의 경계선을 벗어난 타지역인 시리아 안디옥의 순수 이방인에 대한 선교는 예루살렘교회에 큰 도전이었고 충격이었다. 그리고 기독교의 방향과 정체성에 대한 중요한 사건이었다. 그린은 바로 이 부분을 통해 기독교의 다문화성이 어떠한 중요한 변화를 일으키게 되었는지 밝힌다.[54]

예루살렘과 안디옥의 사회학적인 환경의 차이는 바로 인종과 문화에서 나타난다. 당시의 사회적인 차이를 안디옥은 다민족, 다인종 도시이고 예루살렘은 단일 유대인과 유대교의 도시 차이로 그린은 보았다.[55] 이러한 사회-문화적인 차이는 복음이 예루살렘과 안디옥에 전해질 때 발생하는 각각의 영향과 결코 무관하지 않다.

유대교가 중심인 유대인들이 메시아 예수에 대한 복음을 받아들인 상황과 다르게 이방인들은 유대교 문화에 무지하기에 완화된 기준인 믿음과 세례만으로 메시아 공동체에 가입할 수 있다는 방향으로 갔다.[56]

이 과정에서 믿음과 세례에 대한 교리적인 발전이 순수 이방인 전도 과정 가운데 발생할 수 있었고 그 장소가 바로 순수 이방인 개종

54　Green, *Early Church*, 163.
55　Green, *Early Church*, 165-166.
56　Green, *Early Church*, 168-169.

자들이 생겨난 시리아 안디옥이라는 점에서 이곳에 관한 연구는 주목할 만하다.[57] 그린은 시간상으로 바울과 관계없이 시리아 안디옥에서 생겨난 믿음과 세례에 대한 교리로 본다. 그것은 이후 바울이 바나바에 의해 안디옥으로 넘어와 사역하는 가운데 믿음과 세례라는 교리를 접하며 배워가게 된 곳이 안디옥교회라는 결과가 도출되는 것이다.

그린의 연구는 바울의 교리 형성에 상당히 신빙성 있는 의견을 제시하지만 어디까지나 추론으로 시기를 결정하므로 반박의 여지가 존재한다.

5) 할 E. 타우직(Hal. E. Taussig)

안디옥에서 이방인과 유대인의 공존에 걸림돌로 작용한 여러 가지 문제들 가운데 많은 쟁점이 된 것은 음식에 관한 부분이다. 실제 안디옥교회 내에서 보인 식사에 대한 문제로 베드로와 바울이 다투기도 하였고 음식에 대한 율법의 문제가 시리아 안디옥에서 문제시되기도 하였다. 바로 식사에 대한 부분이 유대인과 이방인에 대한 차이를 보여 주는 중요한 쟁점이었다.

타우직은 이방인과 유대인의 식사 문제에 대한 부분이 사회적인 중요한 차이였고 기독교의 정체성이 나타나게 된 중요한 사건이고 계기였다는 점을 연구했다. 타우직은 헬라 문화에서 식사를 사회 활동의

---

57 Green, *Early Church*, 170. 그린의 연구에 조금 더 상황적 정황이 많이 뒷받침된다면 아마도 반박이 어려운 연구가 될 것이다.

하나인 중요한 모임으로 보았으며, 특히 여러 손님이 참석하는 저녁 식사는 아주 중요한 사회적 결속이 가능한 모임이며, 축제와 같은 교제의 장소이자 의미적 담론이 내포된 학문의 장이었다고 주장한다.[58]

신약 시대에 헬라 문화 지역에서의 식사는 더욱 확대된 의미와 내용을 담고 있다. 그중 헬라 문화에서 식사가 축제적인 성격을 가질 경우 일반인들의 삶에서 볼 수 없는 사회적 교류의 장이 아닌 다른 계층의 단위들과 자연스럽게 만날 수 있는 폭넓은 교류의 장소가 되기도 한다. 남성과 여성, 노예와 자유인, 다양한 민족과 계급이 한 곳에서 식사하는 사회 현상도 마찬가지다.

헬라 문화에서 식사는 여러 가지 성격을 가지고 있는 중요한 사회적인 활동이고 사회결속이 일어나는 행위가 가능해지는 장소이다. 그리고 사회적 평등과 사회적 계층화 같은 대립적인 목표들이 같은 식사의 자리에서 서로의 이해관계가 조화롭게 구조화되는 현상이 동반되기도 한다.[59]

식사에 대한 쟁점은 시리아 안디옥의 사회 현상을 연구하는 데 있어 새로운 연구모형이 된다. 특히, 이방인의 식사와 유대인의 식사 문화가 안디옥교회 내에서 어떻게 이루어졌는지 추정하는 것과 오랜 시간 동안 두 집단이 어떻게 공존해 왔는지를 연구할 수 있는 통로를 제공한다.

---

[58] 할 타우직, 『기독교는 식사에서 시작되었다: 사회적 실험 그리고 초기 기독교 정체성』, 조익표·조영희 외 2명 역 (서울: 도서출판 동연, 2018), 45. 리차드 호슬러, 브리짓 칼, 워렌 카터는 또한 일관되게 저녁 식사의 중요성에 대해 제시하였음을 언급한다. 로마 제국의 억압과 당시 기독교의 어려운 상황에서 저녁 식사가 또 하나의 기독교 운동으로 활용될 수밖에 없다는 필요성에 대한 연구다.

[59] 타우직, 『기독교는 식사에서 시작되었다』, 158.

타우직은 초창기 안디옥교회의 이방인과 유대인 사이에 갈등이 보이지 않았던 이유 중 하나를 헬라 문화 식사에 대한 부분이라고 주장한다.[60]

유대인들의 공동식사 참가자의 자격은 제한적이고 까다롭다. 예수가 세리와 죄인들과 함께 식사 자리에 동석한 것을 바리새인들이 지적하는 것을 통해 유대인들이 일반적으로 생각하는 식사 자리는 배석자의 신분이나 인종과 결코, 무관하지 않음을 보여 준다.[61] 같은 장소에서 누구와 함께 식사하는 것 자체가 음식 그 자체보다 더 중요하고 앞선 조건이 되기 때문이다.[62]

하지만 사도행전에 나타나는 초기 안디옥교회 공동체의 식사 현장의 상황은 정통 유대인들의 식사 모습과는 다르다. 여성들이 남성들과 같은 장소에서 떡과 잔을 나누는 모습을 보여 준 초창기 안디옥교회 공동체는 최소 식사 부분에서 공동체의 평등과 우정, 그리고 관대함 등의 가치를 지니고 있었다. 즉, 다른 인종, 다른 민족 등과 함께 식사 자리에 있을 수 있었다는 것이다.

이 부분에 있어 타우직은 헬라 문화에서 식사는 문화적 요소 가운

---

60 타우직, 『기독교는 식사에서 시작되었다』, 159.
61 마가복음 2:15-17
62 유대인들의 식사 자리에는 엄격한 규정이 존재했으며, 그중 뚜렷하게 드러나는 것이 바로 여성들이 배석하지 못하거나 세리 또는 죄인 같은 자들이 배석하지 못했다는 점이다. 식사 자리에 참석하는 사람들 간의 관계가 동등하지 않고 신분이나 계층 등에 따라 차이를 두거나 차별했다. 그러나 마태복음 26:6-13; 마가복음 14:3-9; 누가복음 7:36-50; 요한복음 8:15 등에서 예수가 식사하는 동안 여성이 기름 부어 발 씻기는 장면이 나온다. 그리고 가난한 자들, 병든 자들, 사회적 약자들, 죄인들과 함께 식사 자리에 참석하신 예수님의 모습은 당시 목격한자들에게 파격적인 모습이다. 타우직, 『기독교는 식사에서 시작되었다』, 120-121.

데 중요한 활동이었기에 안디옥교회 내에서도 상당히 사회적이고 정치적인 성격으로 이루어졌다고 보고 있다.⁶³

음식 문제를 쟁점으로 안디옥교회의 문화적인 현상을 재조명한 타우직의 연구는 흥미롭다.⁶⁴ 안디옥교회의 다른 문화적 요소에 관한 연구하고자 하는 이들에게 중요한 선행연구이다. 그런데도, 안디옥교회의 유연했던 식사 문화의 결과가 유대인 식사 문화의 완전한 포기를 의미하는지 아니면 헬라 식사 문화의 우위 결과인지에 대해 타우직은 간과하고 있다. 이 의문점은 다음 연구를 위해서 고려해 볼 필요가 있다.

---

63 그곳에선 유대인과 이방인이 함께 같은 자리에 배석하는 것에 아무도 이의를 제기하거나 피하는 행동이 없었다. 초창기 안디옥교회에 보이지 않았던 식사 자리의 갈등이 시간이 지난 후 갈라디아서 2장에 나타나기 시작한 것은 예루살렘교회의 유대인들이 안디옥교회에 갑자기 방문할 때부터이다. 이것은 이전 안디옥교회에서 찾아볼 수 없었던 갈등이다. 유대인과 이방인 그룹 간의 갈등이 있었던 식사 사건 이외에는 특별히 다른 문제들이 거론되지 않았으며, 오히려 헬라 문화의 식사 문화로 인해 두 그룹이 자연스러운 관계적 발전을 충분히 이어 왔다는 것에 주목해야 할 필요가 있다. 타우직, 『기독교는 식사에서 시작되었다』, 89.

64 타우직이 주장하는 헬레니즘 식사 문화가 시리아 안디옥에 거주하는 유대인 그룹에 어떤 형태로 유지되고 있는지 주의하여 들여다볼 필요가 있다. 유대인 식사 문화가 완전히 사라진 것인지 아니면 두 그룹 간의 식사 자리에서만 헬라 식사 문화가 자연스러운 활동이었는지 조금 더 긴밀히 탐구할 필요가 있다. 이방인과 유대인이 대등한 비율을 차지한 것으로 보이는 시리아 안디옥에서 두 그룹 간의 공통된 문화인 헬라 문화를 중심으로 안디옥교회에 다문화적 현상이 실존한 것이다. 타우직, 『기독교는 식사에서 시작되었다』, 159.

제2장

안디옥교회의 형성과 공동체에 대한 이해

앞장에서 살펴본 바와 같이, 시리아 안디옥은 당시 주변 지역의 행정을 담당할 정도의 규모와 지위를 가지고 있었으며, 인구수로는 주변의 작은 국가와 대등한 규모였다.

시리아 안디옥을 사회학적으로 평가하자면 인구수와 인구 밀도가 높아 주거 환경이 다소 협소하고, 거주하고 있는 특정 민족 공동체와 타 민족 공동체 간의 공간적 분리나 독립성이 어려워 여러 인종과 민족이 섞여 생활하는 다문화 도시였다.

이 같은 다문화 도시 형태를 갖춘 시리아 안디옥에 세워진 사도행전의 안디옥교회는 초대 교회 가운데 최초로 형성된 다민족 교회 공동체로 유대인이 다수를 차지하지 않는 다문화 교회로 평가될 수 있다.[1]

---

1 Craig S. Keener, *Acts: An Exegetical Commentary Volume 2* (Grand Rapids: Baker Academic, 2013). 초대 교회를 우리가 지향해야 할 모델로 인정하고 이를 연구하는 것은 중요한 과제다. 그런 의미에서 사도행전에 나타나는 초대 교회는 우리가 지향해야 할 교회 공동체의 모델로 충분히 의미가 있다고 여겨진다. 특히, 초대 교회 가운데 대표성을 가지고 있는 예루살렘교회가 스데반 사건으로 인해 여러 지역으로 흩어지며 세워진 각 교회마다 특징과 장점들이 있다. 그중 특별히 안디옥교회의 특징은 다문화 교회로 평가 할 수 있다. 조셉 A. 피츠마이어, 『사도행전 주해』, 박미경 역 (왜관: 분도출판사, 2015). 역사적 연구를 통해 안디옥교회의 다문화성에 대한 설명은 다음을 참조. 브루스, 『사도행전: 상』, 『신약사』, 『초대 교회 역사』. 시리아 안디옥이 다문화가 되어 가는 사회 현상 과정과 안디옥교

그렇다면 안디옥교회가 다문화 교회로 평가되기 위해 인종적 측면에서 어느 정도의 유대인과 이방인 비율로 그 공동체가 구성되었는지를 파악할 필요가 있다.

또한, 어떤 과정을 거쳐 유대인과 이방인 구성원이 함께 공존하는 공동체가 되었는지는 중요한 논점이다. 이에 본 연구자는 위에서 제기한 쟁점들을 중심으로 본 장에서 살펴보고자 한다.

회와의 연관성에 대하여 다음을 참조. Dunn, *Beginning from Jerusalem*. 시리아 안디옥의 사회적 환경과 다문화 교회로 형성되는 과정에 대해서는 다음을 참조. Stark, *The Rise of Christianity*. Green, *Evangelism in the Early Church*. 안디옥교회의 특징은 바로 다양한 문화, 다양한 사람, 다양한 언어가 어우러져 있어 다문화적인 교회임이 틀림없다는 사실이다. 따라서 초기 교회 모델 중 다문화 교회의 모델로 지향해야 할 교회를 하나 선택한다면 그것은 바로 최초로 유대인과 이방인들이 함께 모여 세운 안디옥교회이다. 로마의 3대 도시로 불리는 국제적인 대도시 시리아 안디옥에 세워진 안디옥교회의 구성원들은 유대인 중심이 아닌 이방인을 포함한 구성원들로 새로운 교회의 구조와 형태를 가졌다. 당시 안디옥교회가 사회적 시각으로 볼 때 다문화 요소가 뚜렸하였다는 주장에 대하여 다음을 참조. 타우직, 『기독교는 식사에서 시작되었다』. 하지만 안디옥교회가 다문화적인 공동체라는 것은 인정하나 다민족 공동체라고 보기 어렵다는 주장도 제기되었다. 다민족 공동체가 아니라는 주장에 대하여 다음을 참조. Pierson Parker, *Three Variant Readings in Luke-Acts*, JBL 83(1964), 165-170. 파커는 문화적인 부분에서 다문화적 일 수 있으나 민족적으로는 유대인만으로 구성되었다는 주장이다.

1. 안디옥교회의 형성 과정

1) 시리아 안디옥의 위치와 배경

시리아 안디옥은 예루살렘으로부터 대략 480킬로미터 정도 떨어진 곳에 위치하는 시리아의 최대 도시이며 당시 로마 제국의 3대 도시 중 하나로 로마, 알렉산드리아와 어깨를 나란히 하는 거대 도시였다.

또한, 로마의 지방관이 거주하는 행정 도시로 시리아와 그 주변 지역 지방관의 수도와 같은 중심거점 역할을 하는 곳이었다. 요세푸스는 이곳을 '시리아의 거대 도시'라 불릴 만큼 당시 모든 사람에게 알려진 대도시로 소개한다.[2]

안디옥은 약 50만 명의 인구를 가졌으며 시리아 북부, 오테론(Orontes)강으로 부터는 대략 24킬로미터정도 떨어진 지점에 자리를 잡았다. 도시 형성의 시작은 알렉산더 대왕의 휘하였던 셀루쿠스 니카도르(Seleucus I. Nicator)의 주도로 건설되었다.

바로 안디옥은 셀루쿠스가 시리아에 세운 마게도냐 왕조의 수도였던 후 B.C. 64년 시리아가 로마 제국과 합병하면서 보다 자유 도시로서의 위치를 가지게 되었다. 그로 인하여 마게도냐 왕조의 수도를 감당한 후 로마의 지역 가운데 시리아주의 수도가 되는 복잡한 역사를 가지게 되었다.[3]

---

2 플라비우스 요세푸스, 『요세푸스 III』 김지찬 역 (서울: 생명의말씀사, 2019)297-298.
3 시리아 안디옥의 형성 과정에 대한 역사적인 부분에 대하여 다음을 참조. Bruce M. Metzger, *Antioch On the Orontes, BA Vol.4* (1984), 69-88.

특히, 이곳은 로마 제국의 다른 주요 도시들처럼 많은 유대인이 모여 사는 지역으로도 유명하다. 또한, 유대인과 이방인 간의 접촉점 역할을 하는 곳이었으며 해안 지방에 살던 헬라인들이 시간이 지남에 따라 자연스럽게 내륙의 유목민들을 만나는 곳이기도 하였다. 즉, 서로 다른 민족과 종교들이 함께 어울려 살고 상호 영향을 받았던 도시가 바로 시리아 안디옥이었다.[4]

안디옥은 아우구스투스(Augustus, BC.63-AD.14) 시대에 대략 30만 명의 인구가 있었다고 추정하고 있으며 그중 유대인 디아스포라의 인구는 대략 4만 5천 명 이상으로 추정된다.[5] 이후 안디옥은 지속해서 성장하며 50만 명의 인구를 보유한 도시가 되었는데 키너(Craig S, Keener)는 그때 유대인 인구가 대략 6만 5천 명까지 늘어났을 것으로 추정한다.[6]

시리아 안디옥의 유대인들 인구 비율로 10퍼센트 이상이나 차지했다면 안디옥에서의 유대인들이 가졌던 정치적인 위치와 사회적 신분은 막중했을 것이다. 초기 건설부터 이방인들이 엄청나게 몰려든 시리아 안디옥은 현지인부터 헬라인, 이집트인 등 여러 인종과 민족이 공존했었는데 디아스포라 유대인들이 도시 형성 초기부터 자리를 잡고 있었기에 그들의 신분은 안정적이었다.[7]

또한, 정복자로 불렸던 셀루쿠스에 의해 안디옥에서 유대인이 시민권을 인정받았다는 기록이 있으며 상업적으로도 자리를 잡았던 것

---

4 브루스, 『초대 교회 역사』, 115.
5 Carl H. Kraeling, *The Jewish Community at Antioch*, JBL 51 no 2 (Jun 1932), 136. Metzger, *Antioch*, 72-74.
6 Keener, *Acts V. 2*, 1836.
7 정성미, 『성서배경사』 (서울: 도서출판 대서, 2015), 240.

으로 보아 헬라인과 비슷한 시민적 혜택을 받은 것으로 추측된다.[8] 이 점은 유대인이 헬라인을 비롯하여 타민족에게 배타적인 차별을 심하게 받지 않았을 것으로 여길 수 있는 부분이다.

그리고 로마의 행정 수도인 안디옥이 노예 해방으로 인한 자유민들을 환대했던 것으로 전해지며, 그 부분을 고려한다면 안디옥은 차별이 크게 느껴지지 않을 만큼의 다양한 문화와 다양한 언어 그리고 다양한 민족이 함께 공존하는 사회였을 것으로 추정된다.[9]

시리아 안디옥은 유대인을 비롯하여 이방 민족들이 함께 모여 살았던 도시였기에 여러 이방 종교가 성행했었다. 키너는 안디옥의 다양한 민족이 각각의 토속 신앙과 민족 종교를 가지고 있었던 이유로 안디옥으로 이주했던 이방 민족들이 각각 자신들이 섬겼던 종교를 가지고 왔던 것으로 추정한다.[10]

브루스 M. 메쯔거(Bruce M. Metzger)는 안디옥에 이집트인이 만든 이방 신 '세라피스'(Serapis)와 그리스인의 이방 신들 중에 풍요의 신으로 불리었던 '이시스'(Isis)가 대표적으로 존재했으며, 이외에도 당시에 흥행했던 많은 신상이 있었다고 상세히 기술하고 있다.[11]

또한, '다프네'(Daphne) 신전도 함께 있었던 것으로 보아 매춘을 비롯한 성적인 문란함이 흥행하여 느슨한 도덕적 윤리관들이 많았을 것이다.[12]

---

8 Kraeling, *Antioch*, 136.
9 Kraeling, *Antioch*, 137.
10 Keener, *Acts V. 2*, 1836-1837.
11 Metzger, *Antioch*, 78-80.
12 Ajith Fernando, *The NIV Application Commentary: Acts* (Grand Rapids: Eerdmans, 1998), 348. 고린도를 비롯하여 항구 도시 또는 신전이 많았던 도시에서 주로

이처럼 안디옥은 다양한 민족으로 구성되었고, 풍부한 문화적 기반을 지닌 도시였다. 그런 이유로 안디옥에서 태동되었던 최초의 그리스도인 공동체는 그 영향 아래 있었을 것은 부인할 수 없다.

2) 스데반의 죽음 후 변화

사도행전 6:1에 나타나는 과부들을 향한 구제 활동은 예루살렘교회의 중요한 사역이었다. 누가는 구제 활동 중 히브리파 과부에 대해 헬라파 과부들이 불만을 제기하며 갈등이 있었다고 기록한다. 이런 상황에서 사도들은 히브리파 과부에 대한 헬라파 과부들의 원망과 불만의 해결을 위해 헬라파 유대인 중에 일곱 일꾼을 세운다.[13]

믿음과 성령이 충만한 사람 중 온 무리가 기쁨으로 동의한 일곱 일꾼을 세웠으며 그들은 교회 내부 문제를 담당하는 중요한 역할 뿐만 아니라 전도에도 힘썼다.

사도행전에 나타난 일곱 일꾼으로 선택된 리더 가운데 스데반과 빌립의 행적을 통하여 그들의 전도사역이 얼마나 비중이 있었는지 알 수 있고, 비록 사도행전에는 그 내용이 없지만 다른 일꾼들도 구제와 전도사역을 잘 감당했을 것으로 추측된다.

볼 수 있는 현상이다.
13 경건한 디아스포라 유대인들은 노년기에 예루살렘으로 많이 이주 하였다. 그중 여성들 가운데 남편이 이미 죽었거나 또는 이주 이후에 과부가 된 여성들이 헬라파 과부들이다. 그들은 부양해줄 가족이나 친척이 없을 경우 공적인 보호가 필요했다. 그러한 이유로 인해 경제적 도움과 사회적 도움을 유대인 공동체로부터 받아야 하는 상황이 되었으며, 그리스도인들 또한 교회에서 헬라파 과부들에게 도움을 준 것이다. F. Scott Spencer, *Neglected Widows in Acts 6:1-7, CBQ*, 56 no 4 (Oct 1994), 717.

그중 스데반은 기사와 표적을 행하는 성령이 충만한 사람으로 소개된다. 스데반은 이후 회당에서 자신과 같은 헬라파 유대인들에게 예수 그리스도를 전하는 과정에서 많은 모함을 받게 되고 산헤드린 공의회의 독단적 판결로 인해 순교한다. 사도행전 7장에는 이 같은 스데반의 긴 내러티브를 소개한다.

스데반이 구약의 전통을 기반으로 예수에 대해 변증하는 과정을 유대인들은 그들의 문제를 지적하는 내용으로 오해되었다. 그 결과 스데반의 순교와 예루살렘교회의 박해로 이어졌고 바로 사울에 의해 이스라엘 전체 그리스도인과 다메섹과 같은 인근 도시들에 있는 유대 그리스도인들에 대한 박해로까지 확대되었다.

여기서 스데반의 죽음이 예루살렘에 거주하는 헬라파 그리스도인이 예루살렘으로부터 이방 지역으로 복음을 전파할 수 있게 만든 아주 중요한 변곡점이 되었다고 볼 수 있다.

이유는 당시 예루살렘교회의 히브리파 그리스도인들이 생활 양식을 비롯하여 아람어를 사용하는 등 유대교에 속해 있던 유대인들과 무척 흡사했기 때문에 사울의 박해 세력들이 두 집단을 쉽게 구별하기 어려웠을 거라는 이유 때문이다.[14]

유대교와 언어와 생활 양식에서 조금의 차이를 보인 헬라파 그리스도인들에게만 차별적으로 박해가 이루어졌다. 박해 또한 히브리파 그리스도인들과 헬라파 그리스도인을 두고 차별적으로 이루어졌다고 보이며, 사울을 중심으로 한 박해 세력은 예수의 친동생인 야고보

14　유대교도 그룹과 히브리파 그리스도인들 그룹의 유사성을 위하여 다음 문헌을 참조. 슈테게만·스테그만, 『초기 그리스도교의 사회사』, 551.

를 비롯한 사도들과 히브리파 그리스도인들에게는 쉽사리 힘을 발휘할 수 없었다. 하지만 헬라파 그리스도인들에 대한 박해는 더욱 심하게 가해졌고 마침내 그들을 예루살렘과 이스라엘에서 더욱 멀어지게 만든 상황이 펼쳐졌다.

사도행전 8:1에는 박해로 인해 도망자들이 유대와 사마리아 모든 땅으로 사도 외에 다 흩어졌다고 기록되어 있지만, 사도들과 같은 히브리파 그리스도인들까지 포함하여 남았을 것으로 보인다.[15] 이는 스데반의 죽음 후에 경건한 자들의 애도와 장례가 있었다는 기록을 통해 알 수 있다.[16]

3) 안디옥까지 오게 된 경위

사도행전 8:3에서 사울이 스데반의 죽음 이후 예루살렘에 있는 그리스도인들을 잡으러 다녔다고 기록되어 있는 것으로 보아 박해 세력이 잡혀 온 자들을 옥에 가두고 박해하는 활동을 했을 것으로 추정된다. 특히, 그 박해의 핵심 인물로서 스데반의 죽음에도 깊이 관여한 바울은 예루살렘에서 그리스도인들을 몰아내는 것에 만족하지 않

---

15 Bruce M. Metzger, *A Textual Commentary On the Greek New Testament: 2nd Ed.* (D-Stuttgart: Deutsche Bibelgesellschaft, 2012), 310.
16 서방 사본에는 "예루살렘에 남아 있는"이라는 말이 함께 덧붙여져 있다. 스데반과 같이 헬라파 그리스도인들은 엄청난 박해를 받았으며, 흩어져야 할 만큼 위험했다. 그럼에도 불구하고 사도들과 히브리파 그리스도인들이 남아 스데반의 장례를 치룬 것은 헬라파 유대그리스도인 그룹에게만 차별적 박해가 가해졌다는 당시의 사회적 상황을 알 수 있다. 브루스, 『사도행전: 하』, 김재영·장동민 역 (서울: 아가페북스, 2014), 238. 물론 브루스는 극소수의 남아 있는 헬라파 유대그리스도인들이 있었다는 것에 동의한다. 브루스, 『신약사』, 267.

앉고 당시 최고 권력 기관인 산헤드린의 대제사장들로부터 받은 권한으로 예루살렘뿐만 아니라 이스라엘 전역을 비롯하여 이방 지역인 다메섹(Damascus)까지 박해를 위한 활동 범위를 확대하였다.[17]

바울 스스로 외국까지 가서 그들을 박해했다고 고백하는 것으로 보아 이는 산헤드린 공의회의 권한이 이스라엘에 있는 회당뿐만 아니라 외국에 있는 유대인 회당에까지 미친 것으로 보인다. 즉, 이스라엘에서 흩어져 도망가는 것만으로 안전한 상황은 아니었다는 것이다.[18]

결과적으로 예루살렘교회를 향한 박해는 심각했으며, 그 박해로 인하여 헬라파 그리스도인들은 흩어지는 가운데, 할 수 있는 한 지역적으로 최대한 멀리 이동하거나 대도시로 흩어져 숨어 지낼 수밖에 없다.

왜냐하면, 산헤드린의 막강한 영향력이 이방 지역에 있는 회당에까지 미쳤기 때문이다. 이렇게 흩어지게 되는 과정에서 일부 헬라파 그리스도인들은 이때 예루살렘을 떠나 인근에 있는 디아스포라 유대인들이 모여 사는 곳으로 이주하게 된다. 그곳이 바로 베니게와, 구브로, 시리아 지방이었으며, 일부는 안디옥에까지 오게 되었을 것이다.[19]

시리아 안디옥은 예루살렘으로부터 가장 가까운 곳에 있었고 인구가 많은 대도시였으므로 그들이 이동하여 정착하기에 가장 적합한 장소이다. 또한, 시리아에는 많은 유대인이 거주하였기에 눈에 띄는 위험도가 상대적으로 낮았고 타민족들로부터 자신들을 보호받을 수

17　브루스, 『사도행전: 하』, 263.
18　John B. Polhill, *The New American Commentary Acts Vol. 26* (Nashville: Broadman Press, 1992), 289.
19　브루스, 『초대 교회 역사』, 116.

있었으며, 경제 활동을 하기에도 쉬운 곳이다. 키너에 따르면 예루살렘에 거주하는 헬라파 유대인들은 초창기 예루살렘교회에 자신들의 소유물 대부분을 헌금하였고, 그로 인해 박해의 상황에서 타지역으로 신속하게 이동할 수 있었던 것으로 보았다.[20]

대도시였던 안디옥이 인구 밀도가 높아 유대인들이 타민족들과 섞여 살았지만, 유대인 자신들만의 독특한 군락을 이루었다는 기록으로 볼 때 시리아 안디옥은 예루살렘으로부터 흩어진 자들이 도움을 받을 수 있었던 환경 조건이 갖춰진 도시였다.[21]

정리하면, 안디옥교회 최초의 유대인 구성원이 형성되는 과정은 예루살렘에서 시작된 박해로 인한 흩어짐에 그 원인이 있다. 시리아 안디옥의 다양한 문화적 환경은 박해를 피해온 자들이 큰 어려움 없이 수용할 수 있도록 마련해 주었는데, 하나님의 복음의 씨앗이 마침내 그 이방 땅에 뿌려질 수 있었던 접촉 공간으로 준비되었던 것이었다.

---

20 Keener, *Acts vol. 2*, 1832-1846, 1470.
21 Keener, *Acts vol. 2*, 1836. Rainer Riesner, *Paul's Early Period: Chronology, Mission Strategy, Theology* (Grand Rapids: Eerdmans, 1998), 108-112. Eckhard J. Schnabel, *Paul the Missionary: Realities, Strategies and Methods* (Downers Grove: IVP Academic, 2008), 71.

2. 안디옥교회의 구성원

위에서 살핀 시리아 안디옥이 갖는 다양한 문화적 환경은 안디옥교회의 다문화적 특징을 이해하는 데 중요하다. 본 연구자가 이번 단락에서 논의하고자 하는 내용은 안디옥교회의 구성원에 관한 부분이다. 어떤 구성원이 주된 핵심 공동체였는지 살핌으로 안디옥교회가 갖는 다문화성 연구를 위한 첫 출발로 삼고자 한다.

1) 사도행전 11:19의 유대인

유대인을 지칭하는 헬라어 '이우다이오스'('Ιουδαῖος)는 '이우다스'('Ιούδας, 유다)에서 유래되었으며, '유대의, 유대인의'이란 뜻을 가진다.[22] 사도행전 11:19은 오로지 유대 인종에게만 해당하는 유대 민족을 말하는 것으로 이방 민족 가운데 유대교 입교자는 해당하지 않는다.

시리아 안디옥에 거주하는 유대인 그룹의 정체는 오로지 유대인만 지칭하는 것으로 다른 이방인 민족을 지칭하지 않는다. 그러므로 여기서 누가가 오직 "유대인에게만"이라고 한정 지어 말하는 것은 어쩌면 너무 당연했을 것이다.

22　이것은 혈통적 유대인을 이야기하며, 본 연구에서는 헬라어 부사 '모논'(movnon)을 이용해 유대인만을 지칭하는 것으로 제한하기로 한다. Gerhard Kittel, *Theological Dictionary Of the New Testament Volume III* trans. Geoffrey W. Bromiley (Grand Rapids: Eerdmans, 1982), 357.

따라서 키틀(Gerhard Kittel)은 사도행전 11:19에서 언급된 유대인들이 당연히 디아스포라 출신이며 혈통적으로 유대 인종이었다고 본다.[23] 그러므로 사도행전 11:19에 나타나는 "유대인에게만"이라는 표현은 혈통적 부분을 강조한 것으로, 복음이 디아스포라 유대인들에게 먼저 전해졌다는 것을 강조하기 위한 누가의 문학적 표현으로 간주할 수 있다.

순서로 이들에게 먼저 전해졌다는 것은 예루살렘으로부터 핍박을 피해 이동한 헬라파 유대 그리스도인들이 시리아 안디옥의 유대인 집단에 안정적으로 접근하기에 쉬웠고 그래서 큰 어려움 없이 함께 정착했을 가능성이 컸음을 보여 준다.

다른 민족들에 비해 배타성을 가진 유대인 공동체에 흡수된 것은 같은 민족성을 가진 헬라파 유대인들이 유입되었기에 가능한 것이었다.[24] 따라서 헬라파 유대 그리스도인들이 시리아 안디옥에 살고 있었던 유대인들에게 하나님의 말씀을 전하는 것은 아주 자연스러운 첫 접촉이라 할 수 있을 것이다.

---

[23] 디아스포라 유대인들이 주로 거주하는 지역이기에 '유대인에게만'으로 지칭하였다는 의미다. Kittel, *New Testament Volume III*, 363.

[24] 디아스포라 유대인 집단들에게도 특유의 폐쇄적인 유대 문화가 사라지지 않은 것으로 보인다. Carl R. Holladay, *Acts: A Commentary* (Louisville: Westminster John Knox Press, 2016), 245. 시리아 안디옥의 디아스포라 유대인들과 예루살렘으로부터 이동한 헬라파 그리스도인들이 같은 헬라어를 구사하고 문화적으로 유사하여 자연스럽게 흡수되었을 것으로 추측된다.

2) 사도행전 11:20의 헬라인의 정체

사도행전 11:20에 언급되는 헬라인이 누구를 지칭하는 것인지에 대하여 학자들 사이에서 많은 논쟁이 되고 있다. 이들이 누구를 가리키는지는 안디옥교회의 구성원을 규정하는 데 중요한 연구의 일부분이다. 따라서 연구자는 이어지는 단락에서 이들의 정체성에 대하여 알아보고자 한다.

(1) 헬레나스(Ἑλληνάς)

'헬레나스'는 기원전 700년 전부터 그리스 민족을 지칭하며 사용된 명칭이다. 헬라인은 도시와 일반적인 풍습, 문학과 종교, 언어 등으로 인해 독립적인 민족 집단으로 인정받았다.[25] 헬레나스라는 명칭은 언어적으로 헬라어를 사용한다거나 헬라적인 종교나 토속 신앙을 따르고 지킨다고 해서 붙여진 이름이 아니다. 이는 오직 그리스인을 지칭하는 데 사용되었기 때문에, 헬라화 된 이방인들을 가리켜 헬레나스라는 명칭을 사용하지 않았기 때문에 그 구분이 가능하다.

특히, 유대인들은 헬라 문화에 강한 영향을 많이 받았다. 키틀에 따르면 헬라 문화와 유대 문화는 상호 영향을 끼쳤을 것으로 추정한다. 그러나 디아스포라 유대인들이 헬라 문화를 받아들이는 가운데에서도 자신들의 유대교 문화와 종교성을 확고히 유지하였다.[26] 바로 '헬레나스'는 인종적인 그리스인을 말하는 것이다.[27]

---

25 Kittel, *New Testament Volume III*, 504.
26 Kittel, *New Testament Volume III*, 506.
27 그러나 후기 사본들에 '헬레니스타스'를 '헬레나스'로 고쳐 기록되어진 경우가

(2) 헬레니스타스(Ἑλληνιστάς)

'헬레니스타스'는 평소 헬라어를 사용하는 사람들인 '헬레니스테스'의 복수형이다.[28] '헬레니스테스'라는 헬라의 풍습과 관습 그리고 일상에서 헬라어를 사용하는 자들로, 위더링톤에 따르면 '헬라주의자'를 일컫는 의미로도 해석될 수 있다.[29] '헬레니스테스'는 신약 성경에서 3회 나오는데 모두 사도행전에서 사용되었다.

첫째, 그때에 제자가 더 많아졌는데 **헬라파** 유대인들이 자기의 과부들이 그 매일 구제에 빠지므로 히브리파 사람을 원망한대(행 6:1).
둘째, 또 주 예수의 이름으로 담대히 말하고 **헬라파** 유대인들과 함께 말하며 변론하니 그 사람들이 죽이려고 힘쓰거늘(행 9:29).
셋째, 그중에 구브로와 구레네 몇 사람이 안디옥에 이르러 **헬라인**에게도 말하여 주 예수를 전파하니(행 11:20).

사도행전 6:1에 사용된 '헬레니스타스'는 확실히 헬라파 유대인들을 지칭한다. 간혹 이방인이라는 주장을 하는 경우도 있으나 거의 받아들여지지 않는다.[30]

타이슨(Joseph B. Tyson)에 따르면 사도행전 6:1의 문맥과 문학적인 흐름을 고려해 볼 때, '헬레니스타스'가 헬라파 유대인을 지칭하고

있어 언제나 확인이 필요하다. 피츠마이어, 『사도행전 주해』, 770.
28   Metzger, *The Greek New Testament*, 323.
29   '헬레니스테스'는 '헬레니조'에서 유래되었으며 '헬라주의자'로도 의미를 해석할 수 있다. Witherington, *Acts*, 240.
30   노재관, "사도행전에 나타난 예수살렘교회의 갈등에 관한 연구", 「칼빈논단」 Vol.27 (2008), 159.

있음은 거의 확실해 보인다.[31]

아람어를 사용하는 히브리파 유대인과의 차이점은 이들은 헬라어로 성경을 읽을 뿐 아니라 헬라어로 예배하며 기도하고 설교를 듣는다는 점이다. 그로 인해 헬라파 유대인들이 예루살렘에 이주하여, 흔히 자유민의 회당으로 불리는, 자신들만의 회당을 만들게 되었으며, 마침내 아람어를 쓰는 자들과 자연스럽게 구분된 것이다.[32]

즉, 사도행전에 3번에 걸쳐 사용되는 '헬레니스타스' 중 2번(행 6:1; 9:29)은 헬라파 유대인 또는 하나님을 경외하는 자 모두를 가리키는 것이 된다.

그렇다면 우리가 중점적으로 보고자 하는 사도행전 11:20에서 언급하는 헬라인의 정체는 무엇일까?

(3) '헬라인' 인가, 아니면 '헬라파 유대인' 인가?(행 11:20)

사도행전 11:20은 선교의 확장에서 그 관심이 유대인에게서 헬라인에게로 넘어가는 구절로 복음 전파에 한 발 내딛는 놀라운 순간이다. 그러므로 우리가 다루고자 하는 헬라인의 정체성을 아는 것은 중요하다.

---

31 Joseph B. Tyson, *Acts 6:1-7 and Dietary Regulations In Early Christianity*, Perspectives in Religious Studies 10 no 2 (Sum 1983), 151.
32 사도행전 9:20에서 말하는 다메섹 회당 역시 헬라파 유대인 또는 이방인 가운데 하나님을 경외하는 자들이 출입한 자유민의 회당으로 보인다. 이상호, "헬라적 기독교의 기원과 사도행전", 「신학논단」 Vol.7 (1962), 87. 이른 바 자유민들 즉 구레네인, 알렉산드리아인, 길리기아와 아시아에서 온 사람들의 회당 헬라파 유대인 출신 스데반도 이곳 회당의 소속인 것으로 보인다. 브루스, 『신약사』, 259.

헬라인을 유대인 중 헬라주의자들을 가리킬까, 아니면 어떤 다른 인종을 지칭할까?

사도행전 11:20에서 '헬라인'을 나타내는 헬라어 단어 헬레니스타스(Ελληνιστάς)에 대하여 파커는 사본이 전하는 그대로의 단어적인 뜻을 적용해야 한다고 주장한다.

바로 헬레니스타스(Ελληνιστάς)는 '헬라파 유대인'으로 보아야 한다는 것이다. 그는 예루살렘의 박해를 피하여 도망치듯 안디옥으로 오게 된 전도자들이 이방인에게 복음을 전하는 것은 상당히 위험한 일이며 다른 유대인들로부터 비난받을 일로 보았다.

이러한 이해는 고넬료 에피소드를 통해서 가능한데, 사도행전 10:24에 고넬료와 몇몇 친척을 베드로가 만나고 사도행전 11:2에 예루살렘으로 돌아갔을 때 예루살렘교회의 지도자들에게 비난을 받은 상황을 통해 알 수 있다.[33]

최고의 사도적 권위를 가진 베드로도 단지 할례받지 않은 이방인을 만났다는 이유로 비난을 받았다. 사도 외의 유대인들이 이방인에게 먼저 복음을 전했다는 것은 있을 수 없는 일이므로 사도행전 11:20의 헬레니스타스(Ελληνιστάς)를 단순히 민족적인 헬라인을 지칭하는 헬레니스타스(Ελληνιστάς)로 읽기 방법은 역사적 개연성이 불충분한 것이라고 파커는 주장한다.

파커는 사본 상에 사도행전 6:1과 사도행전 9:29에 표현된 헬라파 유대인에 대해 헬레니스타스(Ελληνιστάς)로 사용된 것 또한 중요한 증거로 보았다.

---

33 Parker, *Luke-Acts*, 167.

그리고 파커에 따르면, 사도행전 11:19에 유대인에게만 복음을 전했다는 것은 그때 예루살렘에서 온 전도자들이 안디옥에 있는 유대인들이 모여 지내는 유대인들의 공동체가 있었고 같은 유대인들이 거주하는 그곳에 정착하기 위해 모여들 때 유대인에게만 복음을 전하게 된 것이다.

그런데 유대 공동체에 유입된 유대인 중에 헬라어만 구사할 수 있는 헬라파 유대인들이 함께 거주하였다. 그때 구브로와 구레네 출신의 전도자들이 헬라파 유대인에게 복음을 전했다는 것이다.[34]

사도행전 11:20에 나오는 헬라인이 파커의 주장대로 헬라파 유대인으로 표현된 헬레니스타스(Ελληνιστάς)로 쓰였다고 하더라도, 헬라인이 아닌 이방인이라고 주장하는 학자들의 견해도 상당하다.

파커와 다른 견해를 가지고 있는 대표적인 학자 중 던은 만약 헬레니스타스(Ελληνιστάς)가 헬라파 유대인이라고 한다면 유대인과 같은 그룹 사람들이며 사도행전 11:19의 이야기만으로 충분한 전도자들의 이야기를 굳이 사도행전 11:20에까지 중복해서 기록할 필요와 이유가 없었다고 주장한다.[35]

무엇이 문법적으로 대조적인가?

문법적으로 대조적인 표현이라고 보는 것은 전통적이며 일반적인 해석이다.

---

34 Parker, *Luke-Acts*, 167-168.
35 던은 사도행전 11:19에 유대인 그룹에 대해 표시함에도 불구하고 굳이 다시 20절에 연달아 유대인을 다시 다른 표현으로 언급하는 것은 맞지 않는다며 파커의 주장을 반대한다. 초기의 필사자들도 아무런 거부감 없이 일관성 있게 같은 단어를 유지한 것은 전통적인 대조의 문법인 것으로 보인다. James D. G. Dunn, *The Acts of the Apostles* (Peterborough: Epworth Press, 1996), 154.

유대인에 포함되었을 또 다른 형태의 유대인을 굳이 헬라파 유대인으로 표현할 이유가 있었겠는가?

예를 들어, 사도행전 6:1에 헬라파 유대인과 히브리파 유대인을 나누어 그들의 문제를 설명할 때 두 집단을 모두 '유대인 공동체'로 보는 것이 당연하다.[36] 헬라파 유대인을 유대인 공동체 중 하나로, 별개의 그룹으로 보는 것이 아니라는 것은 '헬라파', '히브리파'로 나누어 표현한 것에서 알 수 있다.

또한, 헬라파 유대인이 교회 공동체에 들어와 차별을 받은 것은 확실하나 이방인으로 취급되지는 않았다. 즉, 같은 유대인 공동체 안에 속한 것으로 본 것이지 히브리어와 헬라어에 대한 언어적 차이로 인해 헬라파 유대인들을 이방인으로 나누어 생각하지 않은 것이다.[37]

시리아 안디옥에 거주하는 디아스포라 유대인 공동체 안에서 사도행전 11:19에 나오는 유대인에게만은 차별적으로 복음을 전하고 11:20에 또다시 헬라파 유대인 공동체를 찾아가 복음을 전했다고 보는 것은 모순적 표현이다.

---

[36] 그럼에도 불구하고 여러 사본들이 '헬레니스타스'를 '헬레니스'로 고치지 않고 사용하였다. 사도행전 6:1은 헬라파 유대그리스도인들이며, 사도행전 9:29은 헬라파 유대인들 가운데 비그리스도인들을 지칭한다. 헬라파 유대인들의 정체성이 다름에도 불구하고 모두다 '헬레니스타스'를 사용한 것이다. 그럴 경우 전통적인 해석의 문맥상 모두를 헬라주의자로 보는 것이 정당하다. C. K. Barrett, *The Acts of the Apostles* (Edinburgh: T&T Clark, 2002), 173. Witherington, *Acts*, 369.

[37] Everett Ferguson, "The Hellenists in the Book of Acts", *RestQ* 12 no 4 (1969), 163. 이스라엘의 언어는 많은 시대적 변화를 겪으며 신약 시대 당시 고대 히브리어가 아람어에 자리를 내주었고 공적인 예배와 신학자들의 전문적인 학문에서 조금 사용 될 뿐이었다. 복음서의 많은 지명과 단어들에서도 아람어가 표현되며, 미쉬나에도 히브리어원을 가진 아람어와 헬라어, 라틴어가 상당수 포함된 것으로 보아 충분히 언어의 사용빈도에서 아람어가 우위였을 것으로 보인다. 알프레드 에더스하임, 『유대인 스케치』, 김기철 역 (서울: 복있는사람들, 2016), 35.

더군다나 헬라파 유대인이라고 볼 수 있는 스데반의 죽음 이후 시작된 박해로 인하여 흩어진 자들이 헬라파와 히브리파 과부들의 불만 사건을 목격한 사람들이기에, 차별적으로 복음을 전했다고 보기도 더더욱 이해하기가 어렵다. 헬라파 유대인은 이스라엘에서만 표현되던 것으로 그들 모두 다 유대인이라고 할 수 있다.

한편, 워필드(B. B. Warfield)는 '헬레니스타스'가 '헬레나스'와 동의어라고 말하며 헬라화된 이방인이라고 주장한다.[38] 시리아의 안디옥이 국제적 도시였고 많은 이주자로 세워진 도시였다는 것을 고려하면, 그러한 국제적 도시에 사는 헬라화된 다른 이방인들이 바로 11:20의 헬라인이었다는 워필드의 주장은 자연스러울 수 있다.[39]

그런데도 여러 사본이 '헬레나스'를 '헬레니스타스'로 고치지 않고 사용하였다. 사도행전 6:1은 헬라파 유대 그리스도인이며, 사도행전 9:29은 헬라파 유대인들로 비그리스도인들을 지칭한다. 헬라파 유대인들의 정체성이 다름에도 불구하고 모두다 '헬레니스타스'를 사용 한 것이다.[40] 그럴 경우 전통적인 해석의 문맥상 모두를 헬라주의자로 보아야 한다.[41]

---

38 B. B. Warfield, *The Readings Ἑλληνιστάς and Ἑλληνάς, Acts xi:20*, JBL III(1883), 113-127.
39 Warfield, *Acts*, 112-127, 당시의 안디옥이 많은 이주자들로 세워진 도시였다는 것을 참고할 때 충분히 제시 될 수 있는 주장이다.
40 Barrett, *Acts*, 173, Witherington, *Acts*, 369.
41 Witherington, *Acts*, 369.

3) '헬라인'에 대한 새로운 지평

사도행전 11:20의 '헬라인'이라는 표현에 어떤 필사본들(P74, ℵ², A, D*, 1518)은 '헬레나스'로 쓴 반면, 어떠한 사본들(B, D², E, ψ, 33, 81, 614, 1739)은 '헬레니스타스'로 쓰여 있다.[42] 그 결과 어떠한 사본을 채택하느냐에 해석이 달라질 수 있어 있다. 하지만 대부분의 독법은 N-A²⁷과 GNT⁴ [43]을 따라 '헬레니스타스'로 사용하고 있는 점을 주목할 필요가 있다.

우선 '헬라니스타스'는 '헬라파 유대인'의 의미를 포함함으로 사도행전 11:20의 경우에 그 단어를 문자 그대로 번역하여 해석하는 것은 적절하지 않다. 위의 먼저 제시한 필사본들의 표현이 불가능하지도 않고 다음으로 제시한 필사본의 해석 역시 개연성이 있어 보인다.[44]

그러기에 헬라인으로 표기된 단어에 대한 새로운 해석은 누가가 말하고자 하는 의도와 앞서 살핀, 대조적 의미를 지닌 사도행전 11:19과의 관계에서 가능할 수 있다.

누가는 여기서 이방인을 의미하나 헬라어를 말하는 사람을 지칭하고 있는 명칭을 사용하는 것으로 보아 사도행전 11:20에 나타난 헬라인의 정체성은 헬라어를 사용하는 모든 사람으로, 즉 민족에 관계

---

42 P⁷⁴파피루스(헬라어 사본으로 7세기의 것으로 추정), ℵ², A 5세기로 추정되어지며, D*, 1518, B 바티칸 사본, D² 클라로몬타누스 사본 6세기, E 8세기의 바실리엔시스 사본, ψ, 아토우스 라우레 사본 8-9세기, 33, 81, 614, 1739, 코이네 전승, 브루스, 『사본학』, 강유중·장국원 역 (서울: 기독교문서선교회, 2012), 56-89.
43 N-A²⁷은 Nestle-Aland 27th이며 GNT⁴는 Greek new testament 4th이다.
44 피츠마이어, 『사도행전 주해』, 772.

없이 헬라어를 사용하는 모든 사람에 대해 기술하고 있는 것이다.[45] 만약 이런 해석이 개연성을 가진다면, 19절의 유대인 그룹을 포함한 안디옥에서 만나는 모든 사람에게 복음을 전한 것이 된다.

히브리파 중심의 예루살렘교회의 입장에서 보면 안디옥교회에 있는 유대인들(행 11:19)은 모두 헬라파 유대인들로 간주 될 것이기 때문에 별도로 사도행전 11:20에서 헬라파 유대인이라고 구분 할 필요가 없다. 즉, 안디옥에 거주하는 유대인은 모두 헬라파 유대인이라고 말할 수 있는 것이다.

핍박을 피해 흩어진 자들은, 복음이 유대인에게 좋은 것이라면 모든 사람에게 좋은 것이라고 여겼고 그래서 유대인뿐만 아니라 자신과 같은 헬라파 유대인을 비롯하여 모든 이방 모든 민족에게 복음을 전하였다고 보는 것은 위의 논증들로 보아 가능성 있는 설명이다. 이들은 거침없을 정도로 성령이 충만했기에 박해를 피해 예루살렘에서 안디옥까지 올라와 있을지라도 열심히 복음을 전하였다.

또한, 계속하여 복음을 전하던 이들은 모든 민족에게 복음을 전하는 이방의 복음 전도자가 된 것이다. 이것은 사도행전 10-11장에 나오는 베드로와 야고보의 이방인 전도에 대한 합의와 무관하게 하나님께서 주신 마음으로 전도하였다.[46]

바벨탑 사건(창 11:1-9) 이후로 갈라진 언어는 사도행전 2:4의 오순절 성령 때에 일어난 방언 사건을 계기로 언어의 장벽을 넘어 복음이

---

45 Metzger, *The Greek New Testament*, 343. 마샬 또한 매쯔거의 주장에 동의하며, 모든 헬라어를 말하는 혼합된 민족으로 본다. Howard, I. Marshall, *Acts: an Introduction and Commentary* (Nottingham: IVP, 2008), 213.
46 Dunn, *Acts*, 154.

전해졌다. 그리고 새로운 교회의 모습을 우리에게 제시하고 있다.[47] 바로 지상의 새로운 교회의 모습은 언어의 차이, 문화의 차이, 자신들만의 성전, 자신들만의 민족으로 구분되는 교회도 아니며, 같은 환경과 배경을 가지고 일치된 행동을 하는 단일 그룹도 아니다.[48]

지상의 새로운 교회는 그 안에서 하나가 되는 것이다.[49] 즉, 유대인과 헬라어를 말하는 모든 사람이 교회라는 이름 안에서 하나로 차별 없이 모이는 교회로 사도행전 11:19-20을 통해 누가가 우리에게 말하려는 지상의 새로운 교회이다.

3. 결론

본 장에서 연구자는 안디옥교회가 이방인과 유대인이 공존하는 다문화 교회의 기반이 될 수 있었던 근본적인 원인이 무엇이었는지를 살펴보았다.

시리아 안디옥이 지녔던 도시의 특색, 즉 대도시였으며 많은 민족적 배경을 가진 자들이 공존했던 다문화 도시 기능이 있었던 점이 주된 원인이었음을 밝혔다.

47　게리 버지, 『예수와 땅의신학』, 이선숙 역 (서울: 새물결플러스, 2020), 153-154. 그레고리 K. 비일, 『성전신학』, 강성열 역 (서울: 새물결플러스, 2014), 269.
48　조영모가 자신의 저서에서 주장한 바와 같이 사회학적으로나 문화적으로 다르지만 영적으로 연합할 수 있다고 설명하는 것과 같다. Youngmo Cho·Hyung Dae Park, *Acts, Part One* (Eugene: Wipf and Stock Publishers, 2019), 240. Beale, 『성전신학』, 272.
49　V. 조지 쉴링턴, 『누가복음·사도행전 개론』, 왕인성 역 (서울: 기독교문서선교회, 2013), 98.

예루살렘으로부터 흩어진 자들이 복음을 전함에 있어 유대인과 이방인을 차별하지 않았던 점 또한 이 같은 시리아 안디옥의 다문화적 상황으로부터 받은 영향이었다고 간주할 수 있을 것이다.

당시 예루살렘교회가 유대교 또는 유대인 혈통으로 구성되어 있었던 것으로 비춰볼 때, 안디옥에서 유대인과 이방인이 함께 '기독교 공동체'를 이루고 있었다는 것은 안디옥교회가 새로운 교회의 형태였음을 추측할 수 있다.

이제 다음 장에서 다룰 내용은 이런 다문화적인 기반에 소속되었던 교회 지도자들이 어느 정도의 다문화적인 특징을 가지고 있었는지를 아는 것이다.

제3장

안디옥교회의 다양한 지도자

 필자는 앞서 안디옥교회가 형성되는 과정에서 다양한 인종, 계층, 신분 등의 사람들로 구성된 최초의 다문화 교회라는 것을 살펴보았다. 이것은 시리아 안디옥이라는 도시의 다문화적 특색이 안디옥교회가 형성되는 과정에까지 영향을 끼쳐 유대인만을 중심으로 모이는 교회 공동체가 아닌 다문화 교회 공동체로 확대된 것임을 살폈다.
 이 같은 안디옥교회의 다문화적 특색은 그 주요 구성원뿐만 아니라 주요 지도자들에게까지 나타나고 있다. 이 지도자들은 예루살렘 교회로부터 파송을 받은 바나바와 바리새파 출신이었던 바울을 비롯하여 또 다른 지도자로 소개되는 시므온, 마나엔, 루기오와 같은 인물들이다. 이들은 모두 인종, 계층, 그리고 신분 등이 각각 다른 배경을 가진 지도자들이다. 이것으로 보아 성경적 관점에서의 다문화 교회는 다양한 지도자들과 깊은 상호 관련성이 있음을 볼 수 있다.
 따라서 이 장의 목적은 이들 지도자의 배경을 살피는 것이다. 이들의 출신 지역과 사회적 신분 및 지위, 그리고 이들의 인종과 민족적인 배경을 중심으로 다룰 것이다. 바나바와 바울과 같은 많이 연구된 인물들에 대해서는 우선 간단하게 다루고, 나머지 지도자들에게 보다 초점을 두고 상세하게 다뤄질 것이다.

1. 다양한 배경의 주요 지도자들

사도행전 13:1에 기록되어 있는 안디옥교회의 주요 지도자들은 다음과 같다.

첫째, 바나바
둘째, 시므온
셋째, 루기오
넷째, 마나엔
다섯째, 바울

이어서 자세히 살펴보겠지만, 헬라파 유대인이며 구브로 출신의 바나바, 다소 출신 정통 바리새파 히브리인 바울, 흑인으로 추정되는 시므온, 하층민으로 추정되는 구브로 출신의 루기오, 그리고 헤롯과 같은 이두매 출신의 귀족으로 추정되는 마나엔까지 안디옥교회 지도자들의 배경은 다양하다.[1]

따라서 각자의 생활 방식과 사고하는 기본 틀까지 다양했을 것으로 보인다. 출신 지역부터 인종까지 다양한 지도자들로 구성된 안디옥교회는 서로 포용하기 쉽지 않은 아주 특별한 구조로 구성되어 있다. 주요 지도자들의 다문화적 배경만으로도 이주민들이 모여 만들어진 시리아 안디옥은 다양한 인종과 다양한 문화가 공존하는 도시

---

1 윌리암은 교회 공동체 구성원과 지도자들 모두 다 다양한 배경을 가졌다는 특징에 관심을 가졌다. 윌리암 F. 안트, 『신약의 역사』, 지원상 역 (서울: 컨콜디아사, 1994), 176.

임을 알 수 있다.

안디옥교회의 주요 지도자들에서 특이점이 발견되는데 그중 하나가 지도자의 이름을 헬라식 표기와 히브리식 표기로 병행하여 각기 다르게 사용하고 있는 점이다.

히브리 이름인 '시몬'을 헬라식 발음인 '시므온'으로 부르고 있으며, '바울'은 히브리식 이름 그대로 '사울'이라고 사도행전 13장 중반까지 표기하고 있다.[2] 아마도 활동하는 지역에 따라서 각자의 이름을 표기했을 것으로 추정되며, 이름 앞에 붙는 특징적 별명 또한 지도자들의 사회적 위치를 묘사해 주는 것으로 짐작된다.

하층민으로 추정되는 루기오와 시므온, 그리고 헤롯왕의 측근이었던 마나엔에 이르기까지 사회적 계층과 지위에 따라 수식어가 다양했다. 따라서 각자 자라난 환경의 차이로 인한 사고 방식과 그들의 삶의 주식으로 먹는 음식들 모습이 아주 다양했을 것으로 추정된다.

여기에서 흥미로운 점은 바로 이방인과의 철저한 분리에 익숙한 유대인들의 정체성 중 하나인 배타적 민족주의가 보이지 않는다는 것과 계층 간의 갈등 또한 보이지 않는다는 점이다.[3]

헨드릭 야거스마(Hendrik Jagersma)에 따르면 당시 팔레스타인에 직업적 계층 또는 사회적 신분에 따라 받는 차별이 존재했다는 부분을 지적한다. 동일하게 노예들과 자유민들 사이의 간격, 그리고 사회적인 지위에 따른 대우, 그리고 민족과 출신에 따라 큰 차이를 보인다

---

2 피츠마이어, 『사도행전 주해』, 809.
3 바울의 제2차 선교 여행 이전인 갈라디아서 2장에 나타나는 식탁교제 사건이전까지 안디옥교회 구성원 사이에서 배타적 민족주의의 모습은 보이지 않았다. 식탁교제와 배타적인 민족주의의 관계에 대하여 다음을 참조. 오경준, "베드로와 야고보의 갈등과 안디옥 사건", (연세대학교 대학원 박사 학위 논문, 2015).

고 진술한다.[4]

하지만 안디옥교회 구성원들 간에는 팔레스타인에서 보이던 이방인이나 사회-문화적 배경에 따른 차별들이 전혀 나타나지 않았으며, 다문화적인 구성원들 간에 있을 법한 갈등과 대립 관계는 없었다. 아마도 안디옥교회 지도자들의 다양한 인종과 신분적인 배경이 이 같은 결과를 낳는 데 영향을 미쳤을 것으로 보인다.

2. 바나바

1) 출신 지역과 인종: 레위 지파 유대인

안디옥교회를 소개하는 사도행전 13장에 처음으로 소개되는 인물이 바나바이다. 바나바는 지중해에 있는 섬인 구브로 출신으로 현재는 사이프러스라 불리고 있다. 레위 지파이며 구브로 출신인 바나바는 헬라파 유대인[5]으로 여겨 지지만, 예루살렘교회 내에서 헬라파와 유대파 어느 그룹에도 속한 모습을 보이지 않았고 오순절 성령 강림 사건 이후에 교회에서 사도들과 더불어 적극적인 활동을 했던 것으

---

4 주요 지도자들이 여러 민족과 여러 계층의 사람으로 이루어진 안디옥교회의 다양성은 성경 어디에도 유사한 사례를 찾아보기 힘들다. Hendrik Jagersma, *A history of Israel from Alexander the Great to Bar Kochba* (London: SCM Press, 1986), 120-124.
5 Martin Hengel·Anna Maria Schwemer, *Paul Between Damascus and Antioch* (Louisville: Westminster Johm Knox Press, 1997), 212-213.

로 누가는 보도한다.⁶

본래의 이름은 요셉이며, 지금 알려있는 바나바는 사도들로부터 받은 이름이다. 신약성경에 바나바에 대한 언급이 그리 많은 편은 아니지만, 바나바의 특징을 가장 잘 설명해 주는 내용이 바로 자신의 밭을 팔아 사도들에게 가져오는 사건에 대한 묘사이다. 연구 질문의 범위에서 다소 벗어나지만, 바나바가 판 땅이 어디에 있었는지에 대한 논쟁이 학자들 사이에서 있었다.

예를 들면, 존 스토트(John Stott)는 바나바가 소유한 땅이 자신의 출신 지역인 구브로에 있는 땅이라고 설명한다.⁷ 반면 브루스에 따르면, 구브로 출신이므로 그곳에 땅을 소유하고 있었을 수도 있으나, 바나바가 주로 예루살렘교회에서 활동한 것을 언급하며 친족이 있는 예루살렘에 소유한 땅이 있었다는 가능성을 배제해서는 안 된다고 주장한다.⁸ 하지만 그것이 어디에 위치했건, 바나바가 땅을 팔아 예루살렘교회에 헌금한 것에서 우리는 그가 예루살렘교회에 철저하게 헌신하고 실천한 삶을 산 사람이라는 것을 알 수 있다.

이런 그의 모습은 차후 그가 안디옥교회에 지도자로 파송될 정도의 성품과 지도력을 갖춘 자로 평가될 만큼 기반이 되었을 것이다. 그리하여 사도들이 그를 '위로의 아들'이라는 뜻을 가진 바나바로 불렀다.

---

6 장훈태, "순례자적 지도자로서 바나바의 선교사역 연구", 「진리논단」 Vol. No.13 (2006), 840.
7 존 스토트, 『사도행전 강해: 땅 끝까지 이르러』 (서울: 한국기독학생회출판부, 2013), 121.
8 Frederick F. Bruce, *Acts: The international Commentary on the New Testament* (Grand Rapids: Eerdmans, 2014), 109.

한편, 레위인이 신약 시대 당시 많은 땅을 가질 수 있는지에 대하여 학자들 사이에서 적지 않은 논란이 있었다.[9] 하지만 대체적으로 학자들이 동의하는 것은 당시 모든 레위인이 성전에서 일했던 것은 아니며, 그러기 때문에 그들 중 일부는 땅을 포함하여 자기 재산을 소유할 수 있었다고 주장한다(cf. 요세푸스, 『생애』, 68-83).[10]

하지만 바나바의 모습을 통하여 무엇보다 중요하게 보아야 하는 것은 공동체에 기꺼이 헌신하고자 하는 그의 내적인 삶의 자세에 관한 내용이다.[11] 누가는 바나바를 "선한 사람이요"라고 표현한 바 있다(행 11:24).

누가가 바나바에게 '선한'이라는 수식어를 붙이는 것에 주목할 만 하다. 누가는 '선하다'라는 단어를 자주 사용하지 않는데, 바나바에게 '선한'의 수식어를 사용하는 것으로 보아 내적 성향과 성품을 하나님의 속성이나 성품과 관련하여 표현하고자 한 것으로 보인다.[12]

2) 사회적 계층: 사도로부터 인정받은 리더

예루살렘에서의 바나바가 선한 사람이었다면, 안디옥에서의 그는 사도로부터 인정을 받아 안디옥교회의 지도자 자리에 당당히 추천받

---

9 신약 시대 당시 레위인들의 재산 및 생활에 대하여 다음을 참조. J. Jeremias, *Jerusalem in the Time of Jesus: An Investigation into Economic and Social Conditions in the Time of Jesus* (London: SCM, 1969), 105. 바나바의 재산에 대한 논쟁은 다음을 참조. Keener, *Acts*, 1181. Hengel·Schwemer, *Damascus and Antioch*, 213.
10 Cho·Park, *Acts, Part One*, 112.
11 H. B. 스웨트, 『신약 속의 성령』, 권호덕 역 (서울: 은성출판사, 1986), 86-87.
12 이성찬, "누가의 성령론적 윤리", (장로회신학대학교대학원 박사 학위 논문, 2011), 107-108.

고 온 교사이다.[13] 이방 지역인 구브로 출신 바나바를 안디옥에 보내게 된 이유에 대하여 누가는 세세하게 기록하지 않으나 적어도 우리가 분석할 수 있는 확실한 점은 그가 안디옥에서 이방 지역을 파악할 수 있는 중요한 리더였다는 것이다.

낯선 이방 도시에서도 바나바는, 그가 예루살렘에서 그랬던 것처럼, 격려자와 위로자의 리더 역할을 했을 것이다. 하지만 그 무엇보다도 무명의 전도자들이 복음을 전하여 모이게 된 사람들에게 바나바는 잘 지도하고 가르침으로 굳건히 세워지는 교회가 될 수 있는 역할을 했을 것이다. 이런 그의 지도력과 성품으로 인해 더 많은 무리가 생겨났다고 누가는 다음과 같이 부연하여 기록하고 있다.

> 바나바는 착한 사람이요 성령과 믿음이 충만한 사람이라 이에 큰 무리가 주께 더 하여지더라(눅 11:24).

누가는 이 부분에서 바나바의 성품을 인정하며 훌륭한 인격의 소유자로 보고 있다. 또한, 바나바는 독단적으로 안디옥교회를 목회하지 않았다. 또 다른 동역자를 만나기 위해 안디옥에서 대략 250킬로미터나 떨어진 다소로 가 바울을 만나고 안디옥으로 데리고 와서 함께 지도자의 역할을 감당했다. 바나바는 바울과 함께 1년 동안 교회에서 새로운 그리스도인들에게 하나님의 말씀을 가르침으로써 사랑과 협력, 일체감, 그리고 겸손함을 보여 준 것이다.[14]

---

13 Cho·Park, *Acts, Part Two*, 4-6.
14 장훈태, 『순례자적 지도자로서 바나바의 선교 사역 연구』, 845.

따라서 마가의 친척이며 많은 돈을 헌금 할 수 있었던 구브로 출신의 레위인 바나바는 사회 계층으로 볼 때 부유한 계층이었으며, 초기 '기독교 공동체'의 역할은 상당히 인정받고 높은 지위를 가진 지도자라고 할 수 있다.

3. 바울

1) 출신 지역과 인종: 히브리인 '사울'

누가는 사도행전 13장 초반까지 바울을 '사울'이라는 히브리 이름으로 부르고 있다. 초기 안디옥교회에서 히브리 이름인 사울을 사용한 이유는 아마도 바울이 완벽한 히브리인이라는 사실을 염두에 둔 것 같다.

태어날 때부터 로마 시민이고 디아스포라 유대인이었던 바울이 히브리 이름을 그대로 사용하고 있는 것으로 보아 이때까지만 해도 안디옥교회 내에서 사울이 히브리적 사고를 하는 전형적인 유대인이었음을 강조하려는 사도행전 저자인 누가의 의도로 보인다.

바울은 빌립보서 3:5에서 자신을 "히브리인 중의 히브리인"이라고 표현한다. 초기 바울의 모습에서 스스로 히브리인이라는 자부심이 강하게 드러나고 있다. 다소에서 태어난 바울은 태어날 때부터 로마 시민권자였다고 말한다. 물론 어떻게 바울의 부모가 로마 시민이 되었는지는 성경이 말하고 있지 않지만, 다소에서 태어난 바울은 디아스포라 유대인들이 대부분 영위하고 있는 헬라식 문화를 많이 접하지는 않았던 것으로 보인다.[15] 누가는 사도행전 22:3에서 바울에 대해 기록하기를 "이 성 예루살렘에서 자라"라는 표현을 쓰면서 태생은 다소이지만 어린 시절부터 예루살렘에서 성장하였다는 것을 강조한다.

또한, 바울은 자신을 가말리엘의 문하에서 율법의 엄한 교훈을 받았다고 소개하는 것으로 보아 자신이 히브리인이라는 사실을 소중하게 여겼던 것 같다. 회심하기 전에도 그리스도인들을 핍박하는 상황에서 바울은 자신이 히브리인이라는 것을 자랑스러워 한 것으로 보이며, 다메섹 환상 이후에도 바울은 변함없이 자신이 히브리인이라는 것을 소중히 여기는 것으로 보인다.

바울은 자신의 신앙적 고백과 무관하게 자신이 히브리인이라는 것에 자부심이 있었다. 그러므로 안디옥교회에서 여전히 자신을 사울이라고 소개하고 불리게 되었을 것이다.

2) 사회적 계층: 안디옥에서 바울의 지위

사도행전 11장에 바나바는 바울과 협력하기 위해 다소에서 바울을 만나 함께 사역할 것을 제안한다. 이후 바울은 바나바와 함께 가르치는 사역을 하게 되었으며 그 결과는 아주 성공적이었던 것으로 누가는 전한다.

사도행전 11장에서는 바나바와 바울만 지도자로 언급한다. 그러나 사도행전 13장에서는 바나바와 바울을 제외한 3명의 다른 지도자

---

15 브루스, 『바울』, 박문재 역 (서울: 크리스챤다이제스트, 2010), 56.

들이 소개되고 있으며, 더 놀라운 것은 바울의 이름이 제일 뒤에 등장한다는 것이다.

게르드 뤼데만(Gerd Ludemann)은 바나바와 바울이 다른 지도자들을 가운데 두고 가장 앞과 가장 뒤에 위치하여 이들을 감싸는 것으로 표현되었다고 이해하지만, 실상은 바울이 가장 뒤에 기록된 것은 아마도 안디옥교회의 주요 지도자 중에 서열이 가장 낮았던 이유였을 것으로 추정할 수 있다.[16]

바울은 예루살렘에서부터 사도들과 사람들에게 인정받던 바나바를 통해 안디옥교회에 오게 되었지만, 기존의 다른 지도자들과 비교하여 상대적으로 입지가 높지 않았음을 볼 수 있는 대목이다.

4. 시므온

1) 인종: 니게르

니게르(Niger)라 불리는 시므온(Symeon that was called Niger: NIV)은 라틴어로 검은(black)이라고 하는 뜻의 별명을 가진 지도자로 소개되고 있다.[17] 한 사람을 소개하면서 특징적인 닉네임을 이름 바로 앞에 둠으로 그 별명에 대한 궁금증을 갖게 한다. 여러 학자는 이 별명에 대하여 각기 다른 의견을 제시한다.

16　게르드 뤼데만, 『사도행전』, 김충연 역 (서울: 도서출판 솔로몬, 2014), 229. Alexander, *Commentary on the Acts of the Apostles*, 2.
17　Polhill, *Acts*, 289.

예를 들면, 브루스는 시므온을 흑인으로 간주하는데, 라틴어로 된 별명을 가지게 된 것도 그가 검은 피부였기 때문이라고 주장한다.[18] 검은 피부인지 검은 머리인지에 대해서는 명확하지 않더라도 최종적으로는 아프리카지역의 흑인으로 추정되기 충분한 뜻을 가진 단어라는 것이다.[19]

실제로 구약과 신약을 토대로 검은 피부의 흑인들로 추정되는 몇몇 본문이 나타난다. 민수기 12:1에 모세가 구스 여자를 취하였다고 할 때 미리암이 그 일로 모세를 비방하는 사건에서, 대부분 학자는 이때 구스는 지금의 북아프리카 고대 에디오피아를 지칭하는 것으로 보며, 구스 여인을 검은 피부의 흑인으로 추정한다. 그리고 사도행전 8:26에 나오는 에디오피아 내시에 관한 본문을 통해 다시 한번 흑인으로 추정되는 인물이 등장한다.[20] 이 부분에서 에디오피아라고 정확히 지명을 지칭하므로 그를 흑인으로 간주하기에 충분하다.

반면, 키너는 시므온을 소개하는 키워드인 니게르가 '검다'라는 의미가 있다고 하여 흑인으로 추정하기에 무리가 있다는 의견을 제시한다. 그리고 성경 어디에도 시므온이 흑인이었다고 뒷받침해 주는 성경 구절은 존재하지 않는다고 주장한다.

또한, 라틴어 니게르가 '검은'이라는 뜻을 가진다고 반드시 흑인을 지칭한다고 할 수 없으며, 라틴어 니게르가 검은(black)인지 어두운(dark)인지 명확하게 그 뜻을 해석할 수 없다고 주장한다. 따라서 키너는 시므온을 흑인으로 단정 지어 추정하는 것은 해석의 범위를

---

18   브루스, 『사도행전: 하』, 16.
19   매튜 헨리, 『사도행전: 상』, 이기문 역 (서울: 기독교문사, 1982), 517.
20   윌리암 안트, 『신약의 역사』, 164.

축소하는 것이라고 말한다.

만약에 당시 로마 언어인 라틴어 니게르가 별명이 아닌 본명이라면, 그것은 민족성을 나타내는 것이 아니며 흔한 로마식 이름일 수 있다는 것이다. 바울도 사울이라는 히브리 이름과 함께 헬라어 이름 바울을 사용한 것으로 보아 이 해석은 가능하다.[21]

키너의 또 다른 주장은 다음과 같다.

첫째, 니게르라는 단어가 당시에 임금 노동자들의 직업군을 분류 표시하는 명칭일 수도 있다.

둘째, 해방된 노예일 수도 있다.[22]

그것은 빌레몬서에 나오는 오네시모 유익한 자처럼 주인이 로마인일 경우 노예에서 해방된 후 새로운 라틴어 이름과 함께 로마 시민권을 얻은 경우가 있기 때문이다.

물론 자유가 주어진 '해방 노예'라도 일반 시민과 같은 동등한 지위를 가지지는 못하였으나 결혼할 수 있는 권리나 개인의 재산을 가지고 행사할 수 있는 권리 등은 충분히 가질 수 있었다. 그리고 자녀들에게는 더 이상 해방 노예에게 가해지는 억압적인 제한은 더 이상 없었다.[23]

그러나 키너의 이 같은 주장은 다소 무리가 있어 보인다. 국제 도시로서 많은 인종과 다양한 직업군, 다양한 민족들의 중심 문화 도시

---

21 Keener, *Acts*, 86.
22 Keener, *Acts*, 87.
23 헬무트 쾨스터, 『신약배경연구』, 이억부 역 (서울: 도서출판 은성, 1996), 119.

인 시리아 안디옥에서 과연 한 사람의 이름을 나타낼 때 확실하지 않은 직업분류 색상을 이름 앞에 붙여 놓을 수 있을지 의문스럽다. 따라서 본 연구자는 니게르라는 별명이 붙는 것에는 확실한 이유가 있었을 것으로 판단되는데, 그 이유는 바로 모호한 뜻을 가진 직업의 분류 따위가 아닌 명확히 눈으로 보이는 검은 피부를 특징지으려는 의도로 보는 것이 더욱 자연스러워 보이기 때문이다.[24]

살펴본 바와 같이, 시리아 안디옥은 인구가 대략 50만 명에 육박하는 대도시로 다양한 인종이 모여 살만한 환경을 갖추고 있었다.[25] 엘웰(Walter A. Elwell)과 야브루(Robert, Yarbrough)에 따르면 안디옥은 엄청난 인구 밀도의 도시였고 다양한 인종이 모여 살고 있었다.

또한, 유대인들이 많은 이방인과 함께 교회 공동체를 이루었기에 1세기 당시의 안디옥이 가진 다문화적 상황으로 보자면 시므온이 흑인이라고 보는 것은 무리한 해석이 아닐 것이라고 주장하다.

그리고 다양한 인종과 민족이 안디옥교회의 주요 인물들이 되어 핵심층을 이루고 있는 것으로 보아 다수의 흑인이 안디옥교회의 구성원으로서 존재할 수 있었다고도 보아야 한다고 추정한다.[26]

사본학자 조셉 A. 피츠마이어(Joseph A. Fitzmyer)는 니게르는 단순히 흑인을 의미하는 라틴어를 헬라어로 음역한 것뿐이라고 주장한다. 시므온 또한 히브리 이름 시몬의 헬라어 음역으로 기록된 것도 같은 맥락이라고 설명한다.

---

24 브루스, 『사도행전: 하』, 16.
25 John McRay, *Archaeology and the New Testament* (Grand Rapids: baker Academic, 2010), 227.
26 월터 A. 엘웰·로버트 야브로, 『사도행전 연구: 사도행전과 초기 교회』, 류근상 역 (고양: 크리스챤출판사, 2010), 128.

그렇다면 니게르라고 불리는 시므온을 헬라어식으로 음역한 것으로 간주한다면 단순히 흑인인 시므온이 되는 것일 뿐 다른 의미는 없다.[27]

그러므로 '검은'이라는 뜻이 단지 직업의 분류나 당시 사람의 신분 등을 나타내는 것으로 사용됐다면 아마도 화이트, 레드, 블루 등 여러 가지 색상이 별명으로 사용되지 않았겠는가?

그러나 성경 어디에도 직업이나 계층을 색상으로 분류하거나 소개된 적이 없다. 결국, 누가는 시므온을 니게르라 칭하면서 안디옥교회의 다양한 인종 구성원의 특징을 보여줌으로써 여러 인종이 차별 없이 세워졌음을 말하고자 했다.

2) 출신 지역: 구레네 '시몬'

앞에서 언급한 피츠마이어의 설명처럼, 히브리 이름 시므온의 헬라어식 음역이 시몬이듯이, 신약에만 같은 이름을 가진 사람이 무려 9명이나 된다.[28]

그러다 보니 이름과 여러 가지 연관성이 짙은 인물들의 동일성에 관심을 가지는데, 그중 하나로 예수님의 십자가를 대신 지고 올라간 구레네 사람 시몬과 이 본문에서의 니게르 시므온을 동일인으로 보는 것이다.

---

27 피츠마이어, 『사도행전 주해』, 809.
28 피츠마이어, 『사도행전 주해』, 809-810. 엘웰·야브로, 『사도행전 연구』, 109.

브루스도 이 둘을 동일인으로 보는 것에 동의하는데 그 이유를 마가복음 15:21에 구레네 사람 시몬이 알렉산더와 루포의 아버지인 것이 기록되었다는 것에 초점을 두고 보기 때문이다. 마가의 기록에 구레네 사람 시몬과 함께 가족의 이름이 기록된 것은 복음서가 기록될 당시에 교회 공동체 내에서 이미 그 이름이 꽤 널리 알려져 있었기 때문에 동일 인물로 여길 수 있다는 것이다.

더욱 자세히 살펴보면, 로마서 16장에서 바울이 문안하는 로마교회의 성도 중에는 "주 안에서 택하심을 입은 루포"(롬 16:13)가 언급되어 있는데, 바울이 루포의 어머니에 대해서 표현한 말인 "그의 어머니가 곧 내 어머니라"(롬 16:13)라는 구절이 기록된 것과 연관이 있다는 것이다.

> 주 안에서 택하심을 입은 루포와 그의 어머니에게 문안하라 그의 어머니는 곧 내 어머니니라(롬 16:13).

즉, 바울이 안디옥에서 루포의 집에 유숙했고 여기서 루포의 어머니는 바울에게 어머니처럼 가까운 관계였을 것이라는 추측이 가능해지기 때문이다.[29]

마샬 또한 누가복음 23:26에 나오는 구레네 사람 시몬과 사도행전 13:1에 나오는 시므온을 동일 인물로 간주한다. 그러나 왜 같은 인물에 다른 두 가지 이름을 사용하였는지는 그 답을 찾기는 쉽지 않으며

---

29 바울이 루포의 어머니와 친하게 된 계기를 설명하고 있다. 예수님의 십자가를 대신 지고 간 '구레네 사람 시몬'이 '니게르 시므온'이라면 바로 안디옥교회에서 알게 된 돈독한 사이라는 주장이다. 브루스, 『사도행전: 하』, 17.

또한 학자들 사이에서도 완전하게 동의하는 것은 아니라고 마샬은 진술한다.[30]

저자가 같은 인물을 소개하는데 다른 이름을 사용하거나 유사한 이름을 사용할 필요가 있을까 하는 의문은 당연하며 또한 혼란을 주는 것이 아닌가 의문을 가지는 것은 합리적인 궁금증이다. 그러나 우리가 기억해야 할 한 가지 흥미로운 것은 누가는 이름 사용에 있어 다른 이유나 특별한 언급 없이 바꾸어 부르곤 했다는 점이다.

예를 들면, 누가는 그의 복음서에서 시몬 베드로(Simon Peter)라 불렀던 것을 그의 두 번째 책, 사도행전 15:14에서는 시므온(Simeon)으로 바꾸어 부르는 것을 볼 수 있다.

누가는 히브리식 이름을 헬라어 발음 그대로 적는 것을 단순하게 여겼을 것으로 볼 수 있는 대목이다. 시므온이라는 이름은 신약성경 누가복음과 사도행전에만 등장하며, 사도행전 15장에서 시몬 베드로의 이름을 단순히 시므온으로 표기한 것으로 보아 이름의 이중적 표기에 대하여 누가는 다른 특별한 의미를 두지 않았던 것으로 여겨진다.

그러므로 누가복음 23장의 시몬이 사도행전 13장의 시므온과 다른 이름이라고 여길 필요가 없어 보인다. 이런 주장에 대하여 위더링톤도 같은 의견을 제시하며 각각의 사람들을 구별하여 나타내는 방식으로 이름뿐만이 아니라 닉네임에도 큰 식별의 의미가 있다고 언급한다.[31]

---

30 Marshall, *Acts*, 228.
31 Witherington, *Acts*, 392.

마가복음에 나오는 구레네 사람 시몬의 가족 소개는 누가복음에서 생략되어 있다. 누가복음 23장에서 시몬의 가족에 대한 소개가 없는 이유는 누가의 독자들에게는 소개할 필요가 없었기 때문으로 보인다.[32]

왜냐하면, 청중 가운데 구레네 시몬을 아는 지인들이 상당 수 있었을 것으로 추정할 수 있기 때문이다. 그리고 사도행전의 청중들에게 안디옥교회 주요 지도자 중 한 명인 시므온을 니게르라고 소개한 것은 흑인인 것을 강조하기 위함이었을 것이다.

즉, 누가복음 23:26에서 예수의 십자가를 진 구레네 사람 시몬은 흑인이었으며, 사도행전 13:1에서 지도자 중 한 명이었던 니게르 시므온과 동일인이다. 그리고 그를 가리켜 '니게르'라 불리는 시므온이라고 소개한 것은 안디옥에서 불리던 시므온의 닉네임이었을 그대로 사용한 것으로 보인다.[33] 그러므로 안디옥교회에서 소개될 때는 사용된 별명인 '니게르'와 함께 시므온을 소개한 것이다.

3) 사회적 계층: 흑인 시므온의 신분적 지위

우리가 위에서 가정한 것처럼, 시므온이 흑인이었음에도 그가 안디옥교회의 지도자였다면, 그가 어떤 사회적 신분과 위치에 있었는지에 대하여 궁금해질 수 있다. 이것은 단순한 호기심을 넘어 신약시대에 흑인이 과연 교회의 지도자가 될 수 있는지에 대한 함축적인

---

32 존 놀랜드, 『누가복음: 하』, 김경진 역 (서울: 도서출판 솔로몬, 2005), 482.
33 Luke T. Johnson, *The Acts of the Apostles* (Minnesota: The Liturgical Press, 1992), 220.

의미를 내포하기 때문이다. 동시에 흑인 이방인과 관련하여 당시 시대적 상황을 알 수 있는 중요한 단서가 될 수 있기 때문이다.

키너의 주장으로 보아 이전 셀류시드 제국 일부였던 안디옥 지역과 그 주변 지역에는 해방된 노예들이 상당수 존재했을 것으로 생각할 수 있다.[34] 그러나 그 당시 노예와 근대시대 노예의 신분 차이에는 큰 차이가 있으며 신약 시대의 노예가 비교적 더욱 인격적인 대우를 받았던 것으로 알려져 있다.[35]

물론 신약 시대 당시 노예제도가 자리 잡고 있었지만, 인종적인 편견은 그다지 크지 않았다. 그 이유는 노예가 되는 원인이 인종에 의해서가 아니라 전쟁 포로의 형태 등으로 노예가 되는 경우가 많았으므로 노예와 인종적인 부분은 그다지 큰 상관이 없었다.[36]

그렇다면 흑인이었던 시므온을 신분적인 부분에서 노예로 단순히 간주할 수 없으며, 노예에 대한 이미지 또한 지금의 시대에 맞추어 적용하는 것은 시대착오적 발상이다. 아마도 시므온은 일반적인 하층민이었을 것으로 추측된다.

마가는 마가복음 15장에서 시몬을 구레네 사람이며 시골에서 왔다고 소개하였다. 시몬이 구레네 사람인 것은 맞지만 구레네에서 유월절 순례차 온 것으로 정확히 말하고 있지 않다. 그리고 시골에서 왔다는 표현은 도성 밖에 마을을 이루어 거주하는 구레네에서 온 이주민 공동체일 수도 있는 것이다.[37]

34　Keener, *Acts*, 86.
35　쾨스터, 『신약배경연구』, 114.
36　쾨스터, 『신약배경연구』, 113.
37　놀랜드, 『누가복음: 하』, 482.

하지만 대부분은 구레네에서 순례차 온 구레네 시몬으로 여기고 있다. 그렇다면 마가가 시몬을 알렉산더와 루포의 아버지로 소개하는 것으로 미루어 짐작건대, 십자가를 대신 지고 난 후인지 아니면 이전부터 마가와 알고 있었던 관계인지 알 수는 없지만, 친분이 전혀 없었다고는 보이지 않는다.

만약 시몬이 도성 밖에 거주하는 이주민 공동체라면 일반적인 농사나 목동이었을 것으로 추정되며, 특별한 직업적인 언급이 없이 구레네 사람으로 표현된 것으로 보아 그는 일반적인 하층민으로 여겨진다. 그리고 사도행전 8:26에 나오는 유대교에 입교한 이방인인 에디오피아의 고관이 예루살렘성전 방문을 마치고 돌아가던 중 빌립을 만나 그리스도를 받아들이는 장면을 누가가 소개하는 것으로 보아 당시에 '흑인'이라는 인종에 대한 편견이 유대인들에게나 다른 민족들에게 크게 없었다고 볼 수 있다.

아마도 니게르(흑인)로 불린 것은 인종에 대한 편견에서 오는 것이 아니라 피부적인 특징인 검은색에서 착안하여 붙여진 또 하나의 이름이었을 것이다. 분명한 것은 그가 흑인이라고 해서 키너가 말했듯이 해방된 노예는 전혀 아니라는 것이다.

노예가 생겨나는 과정이 미국의 초창기처럼 흑인과 백인의 인종차별적인 부분에서 오는 것이 아니라 전쟁의 포로로 생겨나거나 해적들의 습격 때문에 생겨난 것이고, 당시에 노예가 많이 필요하지 않았던 독립된 직업군이 많았기에 농업처럼 생산 활동에 필요한 노예들은 그다지 많지가 않았다.[38]

---

38   쾨스터, 『신약배경연구』, 112-113.

아마도 사도행전 11:19에 있었던 스데반의 일로 일어난 환란에 예루살렘교회가 흩어지는 과정에서 구레네 시몬도 함께 흩어졌을 것으로 보인다.

사도행전 11:20에 나오는 "구브로와 구레네 몇 사람이 안디옥에 이르러"(행 11:20)라는 대목에서 구레네 몇 사람 중에 니게르-시므온도 포함되었을 것으로 조심스럽게 추정해 볼 수 있다. 그렇다면 '구레네-시몬'과 '니게르-시므온'이 동일인이 될 것이며 그가 안디옥까지 오게 된 이유 역시 자연스럽게 추론할 수 있다.

5. 루기오

1) 출신 지역: 구레네의 상황

구레네는 헬라인들에 의해 세워진 북아프리카 리비아의 한 도시로 추정되며 이곳은 B.C. 5세기 이후부터 디아스포라 유대인들의 집단 거주지로 알려졌다. 그리고 B.C. 96년에 로마의 속국이 된다. 디아스포라 유대인들은 B.C. 587년 남유다가 바벨론에 의해 멸망하고 난 뒤 자의나 타의에 의해 대다수 이주를 하게 된다. 대부분 이집트로 이주하였으며, 안디옥으로 유대인들이 정착한 것은 B.C. 150년 정도로 보인다. 그 후 유대인들이 로마에 정착하기 시작했다.

계속하여 디아스포라 유대인들은 여러 지역으로 흩어졌으며 로마 시대에는 로마, 알렉산드리아, 안디옥에 가장 많이 살고 있었다. 그 중에서도 알렉산드리아는 가장 많은 이주민이 정착한 곳으로, 당시

대략 100만 명에 가까운 유대인 디아스포라들이 거주하였다.[39]

2) 사회적 계층: 루기오는 누가인가?

많은 학자는 '루기오'를 두고 누가복음과 사도행전의 저자인 누가와 동일한 사람인지에 대하여 논의해 왔다. '루기오' 또한 히브리 이름인 누가를 헬라식 발음 그대로 적어 놓은 것으로 이해하여 저자 누가와 동일한 이름으로 간주한다. 하지만 대부분 학자는 이들을 동일 인물이라는 가능성에 그렇게 무게를 두지 않는 것 같다.

주석가 헨리는 누가를 본래 구레네 출신으로 여기는데 그렇다고 루기오와 동일인으로 보지는 않는다.[40] 같은 고향 출신으로 이름도 같으므로 동일인으로 볼 수 있을지 몰라도 그것을 증명할 수 있는 근거가 상당 부분 부족하므로 동일인으로 간주해서는 안 된다는 것이다.

브루스도 여기에 같은 의견을 제시한다. 복음서 기자 누가와 동일시하는 것은 전혀 타당성이 없고 근거 또한 존재하지 않는다고 주장하고 있다.[41]

게다가 누가 자신이 본인을 구레네 사람 루기오로 표현하며 다른 사람인 듯 소개하는 것은 상당히 어색해 보이며 어울리지도 않는다. 누가가 저술한 누가복음과 사도행전의 수신자를 정확하게 '데오빌로'로 밝히고 있는 것으로 보아 누가가 자신을 익명의 다른 사람인 듯 등장시킬 이유가 전혀 없다는 것이다.

---

39 Keener, *Acts*, 1987.
40 헨리, 『사도행전: 상』, 517.
41 브루스, 『사도행전: 하』, 17.

자신을 숨겨야 할 이유나 익명으로 해야 할 이유가 있다면 사도행전 1:1에 "내가 먼저 쓴 글에는"(행 1:1)이라고 자신이 먼저 저작한 복음서까지 자세히 밝히지 않았을 것이다. 마샬 또한 누가가 루기오와 동일 인물이라는 것에 동의하지 않으며 초창기 서기관에 의해 동일인으로 보아야 한다는 견해에 대해서도 반대한다.[42] 따라서 세 번째 복음서 저자 누가가 구레네 사람 루기오와 같아야 하는 이유가 전혀 없는 것으로 마샬은 결론을 내린다.

그렇다면 사도행전 13:1에 '구레네 루기오'는 바울의 친척 '루기오'(롬 16:21)와 동일 인물인가?

던은 전혀 근거 없다고 확신하면서도 로마서 16장에 나오는 바울의 친척 루기오를 누가복음과 사도행전의 저자 누가로 보는 것에는 긍정적인 가능성을 두고 있다.[43]

브루스도 사도행전 13:1의 구레네 루기오와 로마서 16:21의 루기오를 동일 인물로 보는 것을 거부하며 그러한 추측 자체를 불가능한 것으로 간주한다. 오히려 루기오를 골로새서 4:14, 디모데후서 4:11에 나오는 의사 누가와 동일 인물로 확신한다. 사도행전 20:5에서 "우리"에서 누가를 포함하여 바울과 함께 있었다고 판단하는 브루스의 주장은 신빙성이 있으며, 던의 의견을 반박하는 것으로 보인다.[44]

토마스 R. 슈라이너(Thomas R. Schreiner)도 누가를 이방인으로 보며 로마서 16:21에 언급되는 바울의 친척 루기오와는 완전 다른 인물로

---

42 Marshall, *Acts*, 228.
43 제임스 D. G. 던, 『로마서』, 김철·채천석 역 (서울: 도서출판 솔로몬, 2005), 638.
44 브루스, 『로마서』, 권성수 역 (서울: 기독교문서선교회, 2007), 292.

여긴다.[45] 오히려 루기오라는 이름이 너무 흔한 이름이었기에 누가는 구레네 루기오라고 표기하였을 것으로 보아야 할 것이다.

즉, 구레네 루기오는 신약에 전혀 언급된 적이 없는 인물이다. 처음 소개되는 사도행전 13:1에 출신 지역만 언급한 것으로 보아 구레네 루기오는 하층민으로 보인다. 누가의 돋보이는 인물 소개 양식으로 보자면 평범한 일반인이거나 또는 하층민에 속하는 것으로 보인다.

6. 마나엔

1) 출신 지역과 인종: 헤롯의 젖동생

이스라엘은 B.C. 587년 남유다가 바벨론으로부터 멸망한 후, 페르시아, 앗수르, 바벨론, 로마 등 수많은 나라의 통치를 받았다. 대략 100년이 채 되지 않은 하스모니아 왕조의 짧은 독립 기간을 제외하고 계속하여 외세로부터 지배를 당하는 식민지 신세였다.

B.C. 63년 로마의 폼페이우스에 의해 예루살렘이 점령되고 헤롯대왕의 아버지인 안티파터(Antipater)가 유대의 총독으로 이스라엘을 다스리게 된다.

---

45 토마스 R. 슈라이너, 『로마서』, 배용덕 역 (서울: 부흥과 개혁사, 2015), 948-948. 피츠마이어 또한 누가의 인종적인 배경을 이방인으로 여기며 구체적으로는 안디옥 출신으로 주장한다. 피츠마이어, 『사도행전 주해』, 89-90. 누가를 유대인으로 보는 관점에 대하여 다음을 참조. Jacob Jervell, *The Unknown Paul* (Minneapolis: Augsburg, 1984), 13-25.

안티파터는 이두매 또는 에돔이라 불리는 다소 이방 성격이 강한 민족 출신으로 교활한 정치가라는 평가를 받고 있다.

헤롯 대왕이 죽은 후에는 그의 세 아들에게 이스라엘을 분배하여 다스리게 하였다.[46] 바로 이 세 아들 중 한 명인 안티파스(Antipas)와 안디옥의 주요 지도자 다섯 명 중 마나엔이 어떤 깊은 관련이 있을 것으로 추정된다.

즉, 사도행전 13:1에서 마나엔과 함께 언급하는 헤롯은 안티파스로 헤롯 대왕의 아들 중 한 명이다. 헤롯 안티파스는 갈릴리와 베뢰아(Perea)의 분봉 왕으로 약 40년 동안 통치하였으며, 자신의 이복동생 빌립의 아내인 헤로디아와 결혼하기 위해서 자신의 부인과 이혼을 하였고, 그를 책망한 세례 요한을 죽였던 장본인이기도 하다.[47]

사도행전 4:27에 나오는 헤롯이 빌라도와 함께 언급되며 예수 공생애의 때에도 갈릴리와 베뢰아를 다스렸던 왕도 헤롯 안티파스이다. 그렇다면 사도행전 13:1의 "분봉 왕 헤롯의 젖동생"에서 언급하는 바로 그 분봉 왕이 헤롯 안티파스가 되는 것이다.

그런데 마나엔에게는 재미있는 닉네임이 붙어있는데, 그것이 바로 젖동생이라는 것이다. 여기서 혹여 젖동생이라 하여 같은 배 속에서 태어난 착각할 수 있으나, 브루스는 젖동생이라는 표현이 황태자와 같은 또래의 소년들에게 붙여지는 칭호와 같다고 주장한다.

---

46 데이비드 웬함·스티븐 월튼, 『복음서와 사도행전』, 박대영 역 (서울: 한국성서유니온, 2013), 42.
47 에버렛 퍼거슨, 『초대 교회 배경사』, 엄성옥 역 (서울: 은성출판사, 2005) 495.

황태자들은 이 소년들과 함께 양육 또는 교육을 받은 것으로 보인다.[48] 혹은 친밀하게 자라나는 것에서 더 한발 나아가 같은 유모에게서 같은 젖을 먹으며 길러진 것으로 보는 학자들의 주장도 존재한다.[49] 하지만 당시의 왕가에서 같은 유모 밑에서 자라는 것은 가능하지 않으며, 같은 유모의 젖을 먹는다는 것은 문자주의 해석이라고 볼 수 있다.

물론 당시에 왕족들이 아이들의 경쟁의식을 통해 시너지 효과를 보기 위해 같은 또래의 아이를 비교하여 키우는 사례도 있으나, 헤롯의 젖동생이라는 표현은 브루스의 주장처럼, 귀족으로서 당시 황태자였던 헤롯 안티파스와 같은 또래 아이로 함께 교육받았던 자를 지칭한다고 보는 것이 합리적일 듯싶다.

2) 사회적 계층: 누가만의 헤롯에 대한 정보 제공

마나엔이 헤롯과 친분이 있었고 당시에 상당히 높은 계층에 속하였다고 여길 수 있는 근거는 특히 누가가 묘사하는 헤롯에 대해 살펴보면 쉽게 알 수 있다. 마가는 자신의 복음서 마가복음 6 14-29에서 헤롯이 예수에 대한 소문을 듣고 난 뒤 행동한 것에 초점을 맞추어 이야기를 전개한다.

> 이에 예수의 이름이 드러난지라 헤롯이 듣고 이르되(막 6:14).

---

48 브루스, 『사도행전: 하』, 17.
49 주석가 메튜 헨리는 문자적으로 유모의 젖을 먹고 양육한 것으로 해석한다. 헨리, 『사도행전: 상』, 517.

귤리히(Robert A. Guelich)는 마가가 당시의 정황과 상황묘사에 초점을 맞추어 이 이야기를 기록한 것으로 평가한다.⁵⁰ 귤리히는 마가가 전승을 받아들이며 초기 배경에 초점을 맞추어 설명하는 것으로 이해한다.⁵¹ 마태 또한 당시 헤롯 안티파스가 예수에 대한 소문을 들으며 세례 요한을 죽인 것에 대한 불안과 두려움이 있었다고 기록한 것이 전체 정황의 배경임을 설명한다(마 14:1-12).⁵²

그러나 누가의 헤롯에 대한 기록은 다른 특징적인 부분이 존재한다. 헤롯이 예수에 대해 인식하였을 때 정황에 의하거나 전승을 참조하여 설명하는 것이 아니라 헤롯의 당시 심리적인 상황을 상세하게 묘사하고 있는 점이 주목할 만하다. 누가복음 9:7-9의 짧은 부분에 나타나는 기록에서 헤롯에 대한 심정을 자세하게 나타내고 있다.

> 심히 당황하니(눅 9:7).

누가복음 9:7에 헤롯이 아주 당황하고 있는 것을 누가가 알 수 있었다는 것은 마태와 마가가 모르는 당시 현장의 정황에 기인했을 것으로 판단할 수 있다.⁵³

---

50 Robert A. Guelich, *Mark 1-8:26: WBC Vol.34a* (Dallas: Word Books, Publisher, 1989), 330-331.
51 Guelich, *Mark 1-8:26*, 326-327. R. T. 프란스, 『마가복음』, 이종만·임용한·정모세 역 (서울: 새물결플러스, 2017), 415-428.
52 Donald A. Hagner, *Matthew 14-28: WBC Vol. 33b* (Dallas: Word Books, Publisher, 1995), 410-413. 그랜트 R. 오스본, 『존더반 신약주석: 강해로 푸는 마태복음』, 김석근 역 (서울: 도서출판 디모데, 2015), 620-621. David L. Turner, 『마태복음』, 배용덕 역 (서울: 부흥과 개혁사, 2015), 477-479.
53 예수에 대해 상당히 당혹스러워 했다는 것을 표현한 헬라어 '디아포레오'는 사도행전과 누가복음에서만 사용되는 용어로 상당히 자세한 묘사적인 의미를 내

달리 말하면, 다른 자료를 참조한 것이 아닌 바로 헤롯의 젖동생 마나엔으로부터 온 정보라고 말할 수 있는 대목이다.

당시에 귀족으로서 상당한 상류층이었던 마나엔과 안디옥교회에서의 친분이 있던 누가와의 관계 가운데 정보가 전해지게 된 것으로 보인다. 당시 근거리에서 가장 정확한 정보를 제공할 수 있는 마나엔 덕분에 누가는 다른 복음서 기자들인 마가와 마태보다 더 정확한 당시 헤롯의 심리적 상황까지 기록할 수 있었다.

따라서 마나엔은 그가 속한 사회 계층 측면에서, 헤롯을 직접 만나고 가까이 지낸 귀족이었음을 알 수 있다. 또 다른 중요한 본문이 누가복음 8:3인데, 여기서 누가는 헤롯과 관계가 있는 한 사람을 소개한다.

> 헤롯의 청지기 구사의 아내 요안나와 수산나, 다른 여러 여자가 함께하여 자기들의 소유로 그들을 섬기더라(눅 8:3).

여기서 누가는 헤롯과 관련된 구체적이고 정확한 정보를 제공하고 있다. 정확한 정보가 없이는 수반되는 이름과 그 관계적인 부분까지 정확하게 설명할 수 없기 때문이다.[54]

본 연구자는 마나엔이 당시에 헤롯과 친분이 있었고 상당히 높은 집안의 사람이라고 여길 수 있는 근거를 다른 복음서 저자가 아닌 누가가 기록하고 있는 헤롯에 대한 부분을 통해 그가 귀족이었을 가능

포한 단어다. 대럴 L. 벅, 『누가복음 1』, 신지철 역 (서울: 부흥과개혁사, 2013), 1176-1177. 피츠마이어, 『앵커바이블: 누가복음 I』, 이두희·황의무 역 (서울: 기독교문서선교회, 2015), 1208-1209.

[54] 데이비드 E. 갈런드, 『존더반 신약주석: 강해로 푸는 누가복음』, 정옥배 역 (서울: 도서출판 디모데, 2018), 380-382.

성을 유추해 보았다. 그리고 추정 가능한 것은 누가가 여러 가지 정보를 제공한 마나엔을 통해 다른 복음서 저자들이 제공하지 않는 역사적 상황을 가장 자세히 묘사할 수 있었다는 점이다. 함께 같은 공동체에 있었고 친분이 있는 관계이기에 가능한 부분이다.

7. 결론

본 장에서 필자는 다양한 지도자들의 배경을 연구함으로써 안디옥교회의 구성원들처럼 지도자들 또한 다문화적 배경임을 살펴보았다. 시리아 안디옥은 여러 문화, 많은 민족, 여러 인종, 그리고 다양한 계층이 함께 모여 있었고 아마도 그 영향으로 안디옥교회의 구성원과 지도자들 또한 다문화적인 배경을 가지게 되었다고 볼 수 있다.

당시 예루살렘교회가 안디옥교회로 바나바를 보낸 이유가 회심한 이방인 신자들의 교회 공동체로 새롭게 유입되는 양상을 알아보고자 한 것임을 고려할 때, 이 교회의 지도자들까지 다문화적이었다는 것은 당시에 찾아보기 힘든 새로운 현상임이 틀림없다.[55]

앞서 본 바와 같이, 안디옥교회는 구성원부터 지도자들까지 다문화적임을 알 수 있으며, 그 범위는 인종과 민족을 넘어 신분과 사회적 계층 또한 구분 없이 같은 공동체를 이루었다는 것에서 확인된다.

---

55 바나바의 역할은 안디옥교회에서 벌어지고 있는 유대인과 비유대인 간의 구분이 사라짐에 대한 관리 감독이었다. 하워드 마샬, 『사도행전 신학』, 류근상 역 (고양: 크리스챤출판사, 2010), 429. 바울이 예루살렘에서 핍박하던 자들이 도망하여 세운 교회에 바나바가 바울을 지도자로 세운 것은 아이러니한 사건이다.

구성원부터 지도자들까지 다문화적이었던 안디옥교회의 모습은 당시 사회적으로도 새로운 이슈였고, 신약 어디에도 찾아보기 힘든 구체적인 다문화 교회의 모델임을 확인할 수 있다.

그렇다면 이같이 독특한 다문화적 특징을 지닌 안디옥교회는 사도행전 13장 이후 핵심 인물이 되는 바울에게 어떤 영향을 주었을까?

다음 장부터는 이 질문에 대한 답을 제공할 것이다.

제4장

바울의 남성 다문화 동역자들

앞서 본 바와 같이, 안디옥교회는 예루살렘교회와 다르게 유대인만으로 구성된 공동체가 아니라 유대인과 함께 이방인이 중심이 되어 세워진 교회이다. 그리고 안디옥교회 공동체의 리더들 또한 다양한 계층과 인종으로 구성된 것 확인할 수 있었다. 이 같은 '다문화 공동체'의 지도자 중 하나였던 사람이 바울이다.

바울은 안디옥에서의 사역 이후 여러 차례 선교 여행을 떠났고 긴 세월 동안 선교지에서 많은 동역자와 협력하여 사역하는데, 유대인이었던 바울이 함께 사역한 것으로 추정되는 대표적인 동역자들이 같은 유대인이 아닌 이방인들이라는 점은 매우 흥미롭다.

그리고 사도행전과 그의 편지로 볼 수 있듯이, 그의 사역에서 유대인들의 대표적인 사회-문화적인 상징인 할례와 음식 법은 절대적 가치가 아닌 상대적 가치가 되는 점도 보게 된다.

첫째, 무엇이 바울이 이 같은 결정을 내리게 했을까?

둘째, 신분과 국적, 인종과 계층과 관계없이 다문화적으로 사역한 안디옥에서 경험이 그의 다문화적 선교 사역에 영향을 끼쳤다고 말할 수 있는가?

셋째, 그렇다면, 메이천의 주장대로[1], 바울에게 있어 기독교의 기원이 예루살렘교회가 아니라 안디옥교회라고 말하는 것은 정당한가?

본 장의 목적은 위의 질문들에 답하는 것이다. 우선 연구자는 바울과 관련된 여러 동역자의 다문화적인 요소들을 소개한 후 대표적인 동역자 중 세 사람을 중심으로 그들의 다문화적인 배경을 살펴보고자 한다.

1. 바울의 대표 동역자

바울은 자신이 기록한 서신과 사도행전 가운데 관련성 있는 인물들이 남녀를 합쳐서 대략 50명 정도[2] 거론하고 있는데, 그중 상당수는 동역자 관계를 이루고 있는 남성 사역자들이다. 대부분 유대인과 이방인 또는 헬라파 유대인으로 보이는 디아스포라들이며, 부유한 계층부터 옥중 생활 중에 만난 동역자까지 다양한 신분과 민족으로 이루어졌다는 것이 특징이다.

---

1   J. 그레샴 메이첸, 『바울의 신학』, 김남식 역 (서울: 명문당, 1987), 97-98, 바울은 유대인 중심으로 구성된 예루살렘교회와 같은 공동체 경험이 부족했으며, 안디옥교회에서 사역한 시간은 이방인에 대한 관점의 변화에 큰 영향을 준 것으로 여겨진다. 그러나 이방인에 대한 바울의 남다른 관점이 어느 시점에 생겼는지는 정확히 알 수 없다. 하지만 바울이 이방인과 유대인을 구분하는 모습이 선교 여행 어디에도 나오지 않는다는 것을 눈여겨 볼 때, 초창기 안디옥교회가 바울에게 중요한 기준이 될 수 있는 주장이다.

2   Dunn, *Beginning from Jerusalem*, 566-572.

바울의 다양한 동역자 가운데 에바브라는 바울에 의해 개종한 골로새 본토인이다. 정확한 민족 정체성은 성경에 언급되지 않으나 마틴(Martin)은 디아스포라 유대인이 아닌 기독교로 개종한 이방인으로 보았다.³

그리고 바울은 자신이 세우지 않은 골로새교회에 에바브라를 통해 서신을 전달할 정도의 친분이 있으며, 수차례 바울이 머무는 곳으로 찾아와 함께 사역한 것으로 보인다. 계속하여 마틴의 주장을 보자면, 에바브라를 향해 바울이 사용한 "그리스도의 일꾼"이라는 호칭은 자신과 동역자 관계를 넘는 고상하며 존경이 담긴 의미가 있다 한다.⁴

페터 T. 오브라이언(Peter T. O'Brien)은 호칭에 대해 바울이 에바브라가 골로새교회의 성도들에게 참된 사도적 복음을 받은 사역자이며 자신의 동료임을 강조하기 위한 것으로 주목했다.⁵

N. T. 라이트(N. T. Wright)는 바울과 에바브라의 관계를 보며 개종한 바리새인 출신 바울이 구약성경에서 약속한 구원이 지역이나 인종이라는 장벽과 상관없이 이루어지고 있다는 것을 알고 있는 것으로 보이는 모습이라고 표현했다.⁶

다음으로 주목할 사역자는 바울이 고린도에서 만난 디아스포라 유대인 아굴라로 본도⁷ 출신인 그는 로마교회에 머물다 클라우디오 황

---

3 랄프 P. 마틴, 『현대성서: 주석 에베소서·골로새서·빌레몬서』, 김춘기 역 (서울: 한국장로교출판사, 2002), 152.
4 마틴, 『현대성서: 주석 에베소서·골로새서·빌레몬서』, 151.
5 Peter T. O'Brien, *Colossians·Philemon*, WBC Vol. 44 (Dallas: Word Books, 1982), 15-16.
6 N. T. Wright, *Colossians·Philemon* (Grand Rapids: Eerdmans, 1986), 50-55.
7 본도는 소아시아 북동쪽 흑해연안의 자리 잡고 있는 로마의 속주로 신약 시대 당시에 상당히 많은 수의 디아스포라 유대인들이 정착하여 거주하던 도시이다.

제의 칙령에 의해 추방당했다. 추방 사건은 아굴라의 배경을 알 수 있는 중요한 근거가 되는 사건으로 태생이 유대인이었던 그는 본도 출신이나 로마 시민권자는 아니었으므로 추방당하였다.

아내 브리스길라는 이방인으로 귀족 출신이었다고 전해져 있으나 어떻게 아굴라와 만났는지는 알려지진 않았다.[8] 아마도 아굴라는 로마교회를 함께 창립하였을 것으로 추정되며, 바울의 사업 협업자로도 잘 알려져 있다.[9]

헨첸에 따르면 바울이 낯선 도시인 고린도에서 자신이 일 할 수 있는 곳을 찾아가게 되며 아굴라와 만났다.[10] 이후 그들은 사업과 사역도 함께하는 동반자적인 동역의 관계가 된다.

신분과 계층적인 관점으로 주목할 만한 사역자로 오네시모가 있다. 그가 어떤 인종인지 민족인지 성경에 나와 있지 않지만 빌레몬으로부터 도망친 종이었으며, 바울이 로마에서 투옥되었을 당시 동역자의 관계가 되었다.[11]

Craig S. Keener, *NCBC: Acts* (Cambridge: Cambridge University Press, 2020), 132.
8   Bruce, *Acts*, 369.
9   로마교회 창립멤버에 대하여 헨첸(Ernst Haenchen)은 회의적인 입장이다. 로마교회 출신인 것은 추측일 뿐, 고린도에서 그리스도인이 되었을 가능성도 있다는 의견을 제시한다. 에른스트 헨첸,『사도행전』, 박경미 역 (서울: 한국신학연구소, 1994), 202.
10 헨첸,『사도행전』, 203.
11 낙스에 의해 오네시모가 빌레몬이 아니라 아킵보의 종이었다는 주장도 제기된다. 그러나 주인이 누구인지에 관계없이 오네시모가 도망친 종이었다는 것은 빌레몬서의 정황상 증명된 사실이다. 허버튼 M. 카슨,『골로새서·빌레몬서』, 양용의 역 (서울: 기독교문서선교회, 2008), 129-132. 빌레몬서의 수신자에 대하여 다음을 참조. S. B. C. Winter, *Methodological Observations on a New Interpretation of Paul's Letter to Philemon*, USQR 39 (1984), 203-212.

바울은 오네시모를 빌레몬에게 돌려보내며 두 사람의 관계가 새롭게 전개되기를 원했는데 그것은 종과 주인이 아닌 동역자의 관계이다. 당시로써는 너무나 파격적인 바울의 메시지였기에 아마도 두 사람뿐만 아니라 교회 전체의 이슈였을 것이다. 하지만 이후에 오네시모가 에베소 지역의 감독이었다는 전승이 있는 것으로 보아 바울의 메시지가 받아들여졌을 것으로 예상한다.[12]

오네시모와 유사한 인물로는 마게도냐 사람인 아리스다고가 있으며 그는 골로새서 4:10에 로마에서 바울의 동료 죄수로 소개되었고 빌레몬서 2:4은 동역자로 언급된다.[13]

바울이 로마를 향한 동행 길에 함께한 것으로 기록된 유일한 인물로 누가와 함께 "우리"라는 지칭에 포함된 인물이다.[14] 아리스다고와 함께 사도행전 19:24에 마게도냐 사람으로 언급된 인물인 가이오 또한, 바울의 이방인 동역자로 소개된 사역자이다.[15]

바울의 동역자 가운데 계층적인 관점으로 주목할 수 있는 특이한 이력을 가진 동역자로는 실라를 주목할 수 있다. 바울과 같은 로마 시민권[16]을 보유한 유대인으로 예루살렘교회에서 인정받았던 사역

---

12 Wright, *Colossians·Philemon*, 165-166.
13 Darrell L. Bock, *Acts* (Grand Rapids: Baker Academic, 2007), 609-610.
14 Bock, *Acts,* 618-619. "우리" 부분에 대하여 다음을 참조. Stanley E. Porter, *Paul in Acts* (Peabody, Massachusetts: Hendrickson Pub. 2008), 24-45.
15 가이오의 출신에 대하여 여전히 논란이 존재하고 있다. 다음을 참조. Witherington, *Acts*, 594-595.
16 행 15:40-41. 16:36-37에 의하면 실라는 예루살렘교회로부터 함께 파송 받게 되었다. 이후 바울이 제2차 선교 여행을 떠나게 될 때 바나바와 헤어지며 새롭게 동역자가 되었다. 이후 빌립보 옥중에 갇히게 되는 사건이 발생하고 그 다음 날 군대 장교 앞에서 자신들을 변호하는 과정을 통해 바울과 실라 두 명이 로마 시민권자라는 사실을 밝힌다. Holladay, *Acts*, 312, 328-330.

자 중 한 명이다. 그는 바울이 제2차 선교 여행 전 바나바와 결별한 이후 오랫동안 함께 동역했다.

또 다른 부유한 환경을 가지고 있을 것으로 보이는 동역자로는 마가와 골로새교회에 예배 장소를 제공한 이방인 출신의 빌레몬이 특징적이다.[17]

다양한 민족, 계층, 신분의 동역자가 바울과 함께 사역하였고 선교 여행을 동행했으며, 서신을 전달하는 임무를 수행하였다. 바울은 동역자들과의 사역에 있어 이방인과 유대인, 다양한 계층과 다양한 신분에 이르기까지 차별하거나 구별하는 모습이 전혀 보이지 않는다.

위에서 소개한 다문화 동역자 이외에도 바울과 관련된 수많은 인물이 있다. 그런데도 바울의 대표적인 동역자 중 가진 세 사람에 관해 배경과 특징 그리고 다문화적 요소에 대하여 고찰할 것이다.

첫째, 디모데
둘째, 누가
셋째, 디도

---

[17] Dunn, *Beginning from Jerusalem*, 566-571.

2. 디모데

1) 출생: 다문화 가정

바울이 아들이라고 표현하기까지 신뢰하는 디모데는 더베 혹은 루스드라에서 출생하였다. 사도행전 16:1에 나오는 더베와 루스드라는 2절의 루스드라와 이고니온 전체를 일컫는 통칭으로 루스드라만으로 간단하게 표기하기도 한다. 루스드라는 주변 지역을 아우르는 지명이기에 더베 출생이라고 하더라도 당시 사람들은 루스드라 출생이라고 불렀다.[18]

바울이 제1차 선교 여행 당시 더베를 거쳐 루스드라로 들어와 복음을 전하였을 디모데와 그의 가족이 그리스도인이 되었을 것이다. 그러나 제2차 선교 여행 때 "거기에 디모데라는 제자가 있었다"(행 16:1)라고 사도행전 16:1에 언급되어 있지만, 그가 있던 도시가 더베인지, 아니면 루스드라인지 우리는 사도행전의 기록만으로 단정 짓기 어렵다.[19]

마샬은 여기서 더베와 루스드라가 사도행전 14:6과는 달리 역순으로 거명되는 것은 바울이 선교 여행 때 접근했던 경로의 순서에 따라 기록하였기 때문이라고 보고 있다.

---

[18] 오리게네스의 로마서(롬16:21) 주석에 대한 라틴어 번역본은 디모데를 '더베의 시민'으로 부른다. 브루스, 『사도행전: 하』, 102.
[19] 트로크메(E. Trocme)는 이 부분이 자료가 편집된 연결 지점이라고 추정하며, 콘첼만은 디모데를 만난 곳이 '루스드라'라고도 하지만 근거가 제시되지 않은 추측에 지나지 않는 것으로 보았다. 유상현, 『바울의 제2차 선교 여행』(서울: 대한기독교서회, 2008), 39.

루스드라는 거명이 되는 마지막 장소인데 그 이유는 디모데의 거주지가 더베가 아닌 루스드라에 살았기 때문에 기록의 순서도 마지막으로 했다고 마샬은 추정한다.[20]

브루스는 루스드라와 더베에 있는 형제들보다 루스드라와 이고니온에 있는 형제들이 디모데를 더 잘 알았을 것이라는 점이 상당히 자연스럽고 훨씬 더 타당성이 있다고 주장한다.[21]

바울의 동역자 중 가장 친분이 있는 그룹에 속한 디모데는 지금 상황의 언어로 보자면 말 그대로 '다문화 가정'의 자녀다.[22] 디모데는 인종과 국적이 서로 다른 부모에게서 태어났으며, 그의 어머니는 유대인이며 아버지는 헬라인이었다. 어머니가 유대인이지만 아버지가 헬라인이었기 때문에 디모데가 할례를 받지 못한 것과 관련이 있어 보인다.[23]

브루스는 디모데의 어머니가 이방인과 결혼한 것은 중앙아시아의 유대인들이 이스라엘 본토의 유대인들보다 사회, 문화, 민족적 구분이 엄격하지 않아서이거나 브루기아에서 유대인들이 이방인의 유력한 가문들과 결혼을 많이 한 것으로 보아 그 근방에 있는 루스드라에서도 유대인과 헬라인의 결혼이 자연스러운 문화였다고 주장한다.[24]

마샬은 유대인 여성을 이방인과 결혼을 하지 않아야 하지만 결혼을 하게 된다면 그 자녀는 유대인의 신분으로 간주 되었고, 따라서 할례를 받을 수 있는 자격을 갖추었다고 한다.

---

20 Marshall, *Acts*, 275.
21 브루스, 『사도행전』, 김장복 역 (서울: 부흥과개혁사, 2017), 399.
22 이승호, 『바울의 선교와 신학』 (서울: 대한기독교서회, 2009), 122.
23 디모데후서 1:5, 디모데의 어머니는 이름이 '유니게'이다. 브루스, 『바울』, 233.
24 브루스, 『사도행전』, 399.

그런데도 마샬은 디모데가 할례를 받지 못한 것은 디모데의 어머니가 유대인으로서 자신의 책임을 심각하게 받아들이지 않았거나 아마도 헬라인 남편이 디모데의 아버지로서 할례를 거부한 것으로 보았다.

그리고 마샬이 말하는 또 다른 가능성은, 루스드라에 회당이 존재했다는 언급이 없으며 디모데의 어머니가 유대인 관습을 따르는 것을 포기했던 것으로도 볼 수 있다는 것이다.[25]

디모데는 이방인의 눈에는 이방인, 유대인의 눈에는 유대인이라는 두 가지 민족적 정체성을 갖게 된다. 바로 유대인 어머니와 헬라인 아버지의 다문화 자녀들은 언제나 정체성에 있어 이러한 혼란이 있으며 각 민족과 집단마다 정하는 규정이 다르다는 것을 디모데를 통해 볼 수 있다.

디모데는 바로 그러한 다문화 가정에서 자란 청년이었고 바울은 이런 상황의 디모데를 아무런 차별 없이 그의 사역을 위한 가장 이른 동반자로 세운 것이었다.

2) 할례 문제

디모데가 할례를 받지 않은 것은 루스드라에 거주하는 유대교 공동체 대부분이 다 알았던 것으로 보인다.[26] 당시 디모데만의 문제가 아니라 이방인 아버지와 유대인 어머니 사이에서 태어난 많은 아이가 할

---

25 Marshall, *Acts*, 276.
26 Craig S. Keener, *Acts: An Exegetical Commentary Volume 3* (Grand Rapids: Baker Academic, 2014), 2319.

례를 받지 않았을 것으로 추측할 수 있다. 그러나 디모데는 아버지가 죽은 이후 유대인 어머니와 할머니 밑에서 자라며 제1차 선교 여행 때 바울로부터 복음을 받고 어머니와 함께 그리스도인으로 살았을 것이다. 그 시점까지만 해도 그리스도인으로 살아가고 있는 동안에는 할례 여부가 아무런 문제가 되지 않았을 것이다.

그러나 바울이 제2차 선교 여행에 나설 무렵 바나바와 헤어지고, 함께 사역할 팀원을 찾으며 디모데를 다시 만나게 된다. 바울은 제2차 예루살렘 방문 때에 강조했던 할례 무용론이 무색할 정도로 바로 디모데를 만난 후 할례를 시행해버린다.

앞뒤 내용에서 할례에 대한 바울의 대처에 온도 차이가 너무나 많이 나는 전개임이 분명하다. 그런데 누가는 바울이 디모데에게 할례를 시행한 것과 관련하여 사도행전 16:3에 루스드라 일대에 그 지역 유대인들이 모두 다 디모데의 아버지가 헬라인이라는 것을 알고 있었기 때문이라고 기록한다.

루스드라 지역 사람들이 헬라인 아버지와 유대인 유대 어머니 사이에서 난 아들인 디모데가 할례를 받지 않고 바울과 함께 사역하는 것에 깊은 관심을 가진 것 같다. 현지 상황에 따른 바울의 불가피한 선택이었다는 것을 시사해 주고 있음을 알 수 있다.[27]

그러나 사도행전 15장에서 할례 문제로 예루살렘 회의에서 '더는 무거운 짐'을 지우지 않기로 하겠다고 주장하며 서신까지 받아온 바

---

27 바울이 디모데의 정체성을 유대인 또는 헬라인 어느 민족으로 보는지 할례를 행함으로 결정하였다. 그것은 루스드라와 근방 지역의 사람들이 디모데의 가정 사정을 잘 알기에 관심을 가지게 되며, 바울이 이를 의식한 것으로 보인다. 유상현, 『바울의 제2차 선교 여행』, 42.

울의 후속 행동이 디모데의 할례라는 점에서 몇몇 학자들은 이 이야기의 역사성을 의심하기도 하지만 이 견해는 갈라디아서의 대응 본문과 비교되면서 뤼데만에 의해 거부되었다.[28]

브루스는 바울이 완전한 이방인 동역자인 디도에게 주위에서 할례의 필요성을 강요하는 것을 크게 반대한 것과 비교해서 볼 때, 혼혈인 디모데에 대해서는 앞으로 출생과 전통에 대해 끝없는 논란이 될 것을 미연에 방지하려는 방편으로 할례를 한 것으로 보았다.[29]

사실 디모데의 할례는 당장에 큰 문제가 되지는 않았다. 할례를 시행하든지 하지 않든지 디모데가 사는 이방 지역인 루스드라에서는 그것이 아무런 문제가 되지 않았다.

바울이 디모데와 파트너가 되는 시점에서 도대체 무엇이 바울의 마음을 움직여 디모데의 할례를 시행하게 하였는지 정확한 이유를 찾기는 어렵다. 하지만 분명한 것은 그 지역의 사람들은 디모데의 아버지가 헬라인이라는 것을 알고 있었고 그것이 바울의 결정에 큰 작

---

28 바울이 "그 지역에 사는 유대인들을 고려하여"(행 16:3) 디모데를 그리스도인으로서 할례를 행하게 했다는 해석에 대해 재고되어야만 한다는 주장이 있다. 사도회의 이후에 열정적으로 할례 받지 않은 이방 그리스도인 디도의 완전한 승인을 위하여 노력하고, 디도의 할례를 막았던(갈 2:3) 바울이 완전히 반대의 행동을 보여 준 것이기 때문이다. 사람들이 디도가 이방 그리스도인임을 확실히 염두에 두어야하며, 디모데는 모계 사상을 따르는 유대의 법에 의해 유대인으로 볼 수 있다는 것이다. 그러나 할례 문제는 바울에게 고린도전서 9:20에서 보여 주는 것과 같이 시행해도 되며, 하지 않아도 되는 문제는 아니었다(갈 5:2; 롬 2:25-29). 바울에게 있어 할례 문제는 구원과 관련된 문제가 아니다(고전 7:18; 갈 5:6; 6:15). 오히려 믿음만이 유용하다(롬 3:20)고 여겼다. 이에 반대하여 할례에 자신의 몸을 맡기는 사람은 스스로 율법 아래로 던지는 것(갈 5:2)이라고 평가했다. 뤼데만, 『사도행전』, 275-276.

29 브루스, 『사도행전: 하』, 89.

용을 하였다고 여겨진다.³⁰

누가의 시각에는 유대 여성의 모계전통과 관계없이 디모데가 이방인으로 인식될 것이다.³¹ 그러나 코헨(Shaye J. D. Cohen)은 사도행전이 아닌 바울의 서신에서는 디모데를 12번이나 언급하면서 가정 생활까지 자세히 묘사하였음에도 불구하고 그가 이방인 또는 유대인이라는 언급이 없다는 점에 주목한다.

이것은 바울의 눈에는 디모데가 이방인이라는 생각이 없었기에 그에 대해 특별한 언급을 하지 않았고 바울의 관점에서는 디모데가 유대인이라는 생각이 강했다는 주장이다.³²

바로 스스로 완전한 유대인이라는 생각하는 바울이 주도하여 디모데의 할례를 시행하였다고 보이며, 바울은 디모데를 이방인이라고 생각하지 않았다. 디모데의 할례는 유대인들에게도 아주 큰 관심거리였을 것이다.³³

---

30 유대 여성의 모계전통에 대해서는 다음을 참조. Hans Conzelmann, *Acts of the Apostles* trans. J. Limburg, A. Th. Kraabel, & D. H. Jeul (Philadelphia: Fortress Press, 1987), 123-126.
31 사도행전 16:1-3에 디모데의 출생과 관련하여 유대인들을 의식하며, 디모데의 할례를 결정한 기록을 살펴볼 때 이방인과 동시에 사도행전의 저자인 누가의 시각에 디모데를 처음부터 이방인으로 여겼다고 추측할 수 있다. 유상현, 『바울의 제2차 선교 여행』, 41.
32 바울의 시각에서 디모데는 유대인으로 인식되었을 것이다. 그러므로 당연히 유대인의 전통인 할례를 하는 것에 아무런 언급이 없다. 만약 디모데를 이방인으로 여겼다면 할례의 이유를 더욱 찾기 힘들다. Shaye J. D. Cohen, *Was timothy Jewish(Acts 16:1-3), Patristic Exegesis, Rabbinic Law, and Matrilineal Descent*, JBL 105(1986), 259, 263-265.
33 에버렛 F. 해리슨, 『사도 교회의 역사와 성장』, 신성수 역 (서울: 기독교문서선교회, 1990), 134.

할례에 대한 유대인과 이방인의 시각은 아주 큰 차이가 있었기 때문에 루스드라에서 디모데를 선교의 동역자로 제안하며 바울은 디모데를 위한 할례의 필요성을 가졌을 것이다. 바울이 말했던 할례를 하지 않아도 된다는 주장은 이방인에게 만으로 한정을 지었다고 추정하는 것도 충분히 가능하다.

누가가 사도행전에서 디모데 개인의 할례 문제를 이례적으로 소개하면서 지면을 다섯 절이나 할애한 것으로 보아 디모데의 할례 문제는 중요했던 것으로 보이며 데오빌로를 포함한 독자들에게 바울이 그렇게까지 해야만 했던 이유를 충분히 설명하기 위한 것이었다고 추정할 수 있다.

3) 바울과의 관계

바울과 디모데는 신약에서 보기 드물 정도로 돈독한 관계였다는 것을 사도행전과 바울의 서신에서 찾아볼 수 있다. 그들의 첫 만남은 바울의 선교 초기에 이루어진다.[34]

34　바나바와 결별을 선언하게 된 바울은 제2차 선교 여행을 실라와 함께 시작하며, 제1차 여행 때 방문했던 더베와 루스드라로 향하였다. 그리고 제1차 여행 때 복음을 전하여 신실한 그리스도인이 되었던 디모데를 선교팀에 영입하여 본격적인 제2차 선교 여행을 출발한다. B. N. Kaye, *Acts Portrait of Silas*, NovT 21(1979), 13-26. 누가가 결별을 기록한 단락만 검토한다면 누가가 바울의 입장에서 바나바의 행위를 부정적으로 본다고 말하기는 어렵다. 누가는 저자의 시각에서 두 사람의 결말을 보고하고 있다는 정도로 해석하는 것이 옳은 견해일 것이다. 그것은 개역개정의 사도행전 15:39에서 "심히 다투었다"고 번역된 'paroxusmos'은 중립적이라는 의미로 해석되는 점에 더 무게를 두고 있기 때문이다. C. C. Black, *Mark: Image of an Apostolic Interpretation* (Columbia, SC: Univ. of S. Carolina Press, 1994), 39-47.

바울과 바나바의 제1차 선교 여행은 구브로를 지나 소아시아의 본토를 향하였고, 그때 바나바의 조카인 마가는 의문을 남긴 채 돌아가게 된다.[35] 그리고 남부 갈라디아를 순회하던 중 더베와 루스드라도 방문하며 복음을 전하였고, 그때 복음을 영접한 디모데는 그리스도 공동체의 일원으로 바울의 재방문 때까지 믿음을 굳건히 지켜온 것으로 보인다.[36]

그리고 바울은 바나바가 아닌 실라와 함께 제2차 선교 여행을 시작하였고, 제1차 선교 여행 때에 방문했던 루스드라에서 디모데를 선택하여 선교 여행에 동행을 시켰다.[37] 그렇다면 아마도 제1차 선교 여행 시기에 만난 디모데의 성품과 믿음이 바울에게 인상적이었고 매력적이었을 것으로 보인다.[38]

실제로 그에 대해서 사도행전 16:2에 루스드라와 이고니온에서 칭찬 듣는 자라고 누가가 소개하는 것으로 보아 바울에게 아주 필요한 동역자였다. 때론 고린도교회를 비롯한 다른 이들과의 까다로운 협상에 바울의 특사 역할을 했었다.[39]

---

35 엘웰·야브로, 『사도행전 연구』, 129.
36 남부 갈라디아설에 대하여 다음을 참조. 더글라스 J. 무, 『BECNT: 갈라디아서』, 최원용 역 (서울: 부흥과 개혁사, 2018). 메릴 C. 테니, 『갈라디아서 해석』, 김근수 역 (서울: 기독교문서선교회, 1995).
37 Black, *Mark*, 40-46.
38 바울은 제1차 선교 여행 중 힘들고 어려웠던 상황과 위급하고 위험했던 문제들이 많았고 마가가 중도 포기까지 했기 때문에 제2차 선교 여행에서는 아주 성실한 동역자가 필요했다. 사실 제2차 선교 여행은 대략 3,000마일(4,800킬로미터)을 거의 도보로 지속하는 사역이므로 바울에게는 마가와 같이 중도 포기하는 동행자에 대해 회의적이었다. 제1차 선교 여행에서 마가의 행동이 디모데를 선택하는 이유에 크게 좌우한 것으로 보인다. Andrew E. Hill, *Baker's Handbook of Bible Lists* (Grand Rapids: Baker Academic, 1981), 235.
39 Anthony C. Thiselton, *1 Corinthians* (Grand Rapids: Eerdmans, 2006), 80.

티슬턴에 따르면 고린도전서 16:10에서 혹여 바울은 디모데가 고린도교회 성도들로부터 하찮은 사람으로 대우받을 것을 걱정하며 특별히 여겨달라고 신신당부하고 있다.

고린도전서 16:10에 기록된 바울의 언급으로 미루어 보아 바울은 디모데를 아들처럼 아꼈고 마음이 잘 맞는 동역자로 여겼다. 하지만 티슬턴은 바울이 기록한 당부 글의 논점이 디모데가 '보잘것없는 자'로 여겨질 것에 대한 걱정만을 의미하는 것이 아니라, 주님의 일을 하는 사역자로서 교회의 협력을 요청하는 의미가 함께 내포되었다고 보았다.[40]

바울이 누구보다 관심을 가진 디모데는 로마서 16:21과 데살로니가전서 3:2에 동역자로 표현하고 있다. 바울은 다른 서신들과 사도행전에 언급된 디모데에 기록들과 다르게 다른 동역자들과 동등한 위치의 사역자로 대우하고 있다. 그에 대한 근거로는 바울이 자신의 서신을 기록할 때 공동 저자[41]로 디모데를 지목한다는 것이다.

---

40 Thiselton, *1 Corinthians*, 295-296.
41 고후 1:1; 빌 1:1; 골 1:1; 살전 1:1; 살후 1:1; 몬 1:1; 고린도후서의 저자에 대하여 다음을 참조. M. Carrez, *Le 'nous' en 2 Corinthiens*, NTS 26(1979), 474-486. Gerhard Delling, *Merkmale der Kirche nach dem Neuen Testament*, NTS 13(1966), 297-316. J. Andrew Kirk, *apostleship since Rengstorf: Towards a Synthesis*, NTS 21(1975), 249-64. W. F. Lofthouse, *'I' and 'We' in the Pauline Epistles*, BT 6(1955), 72-80. 빌립보서 저자에 대하여 다음을 참조. James L. Blevins, *Introduction to Philippians*, RevExp 77(1980), 311-323. Harvey K. McAthur, *Computer Criticism, ExpTim* 76(1965), 367-370. *kai* Frequency in Greek Letter, NTS 15(1969), 339-349. M. Whittaker, *A. Q. Morton and McLeman*, *Th* 69(1966), 567-568. 골로새서의 저자에 대하여 다음을 참조. John B. Polhill, *The Relationship Between Ephesians andd Colossians*, RevExp 70(1973), 439-50. 데살로니가전후서 저자에 대하여 다음을 참조. Francis C. Burkitt, *Christian Beginnings* (London: University of London Press, 1924), 130-133. 브루스, 『WBC: 데살로니가전후서』, 김철 역 (서울: 솔로몬, 2006), 34-37. R. F. Collins, *1 Thessalonians and the Liturgy of the Early*

바울이 바나바와 결별 후 합류하게 된 디모데와 더욱 돈독한 관계로 발전할 수 있었던 상황이었을 것이다.

3. 누가

1) 바울과의 관계: 사도행전의 저자 누가

전통적으로 사도행전의 저자를 누가로 보고 있다. 물론 바울의 동료들 대부분을 잠재적인 저자 후보군으로 생각해 볼 수 있지만, A.D. 200년까지 초기 교회 전승에 따르면 저자를 누가로 규정하고 있고, 그것을 반대했다는 그 어떠한 자료의 흔적을 찾기가 힘들다.[42]

그런데도 저자가 누가가 아닌 다른 사람이라면 그 사람은 누구일까? 바울의 동료일까?
이것은 비평적인 주석을 기록하는 저자들에게 단골 메뉴였고 항상 논쟁이 된 부분이다!
누가냐 아니면 다른 바울의 동료이냐?

---

[42] 벅, 『누가신학』, 강대훈 역 (서울: 부흥과 개혁사, 2016), 39.

Church, BTB 10(1980), 51-60. P. Day, *The Genesis purpose of 2 Thessalonians*, ATR 45(1963), 203-206. 빌레몬서 저자에 대하여 다음을 참조. O'Brien, *Colossians--Philemon*, 272. 하지만 브라이언은 디모데를 공동 저자로 인정하지 않는다.

이러한 논쟁이 야기되는 것은 누가 저작론으로 요약되는 전통적인 견해에 다소 문제점들이 있기 때문이다.[43] 바울의 생애와 바울의 신학적 내용과 누가의 기록이 다르거나 충돌하는 부분이 있기 때문이라는 것이다.

예를 들면, 예루살렘 방문 일정이 사도행전과 바울 서신에서 부조화하는데 이방인 선교의 시작에 관한 문제들과 예루살렘 회의에서의 바울의 침묵과 같은 이슈이다.[44]

위 문제를 제외하고도 바울의 생애에 관련된 정보와 선교 행위에 있어 중요한 논쟁들이 있었다.[45] 하지만 여러 관점의 차이로 본다면 바울과 직접 관련 있는 바울의 동역자 중 한 명이라고 간주할 수 있지만, 문제는 사도행전의 시작에 등장하는 '나'라고 하는 인물의 정체를 어떻게 이해하느냐에 달려 있다.[46]

자크 듀퐁(Jacaque Dupont)은 '우리 항목'이라는 부분의 어휘, 문체, 신학적인 관심이 사도행전 전체와 일치를 보인다고 주장한다. 저자가 다른 사람이 가지고 있던 자료를 사용하고 있다면 완전히 "우리"

---

43 사도행전을 바르게 이해하기 위해 가장 기본적인 연구 과제 중 하나가 저자에 대한 이해다. 저자가 이방인 또는 유대인인지, 아니면 바울의 또 다른 동역자인지 그리고 언제 기록되었는지 등 많은 부분이 저작물을 이해하기 전 알아야 하는 부분이다. 그러기 위해서는 "우리"(we) 부분에 대한 이해가 우선 이루어져야 한다. 정창교, "사도행전에서의 하나님 중심적 신학", 「신약논단」(2016), 372.
44 사도행전 11:27 이하, 사도행전 15장과 갈라디아서 2장의 비교 부분에서 예루살렘 방문 일정에 차이가 보이는 것은 확실하다. 갈라디아서 2장에 기록된 예루살렘 방문이 사도행전 11:27인지 아니면 사도행전 15장에 기록된 예루살렘 방문인지에 대한 부분이 명확하지 않은 것으로 보이기 때문이다. Werner G. Kummel, *Introduction to the New Testament* trand. H. C. Kee (Nashville: Abingdon, 1975), 180-181.
45 유상현, 『사도행전 연구』(서울: 대한기독교서회, 2012), 15-16.
46 유상현, 『사도행전 연구』, 17.

라는 용어를 사용하지 못했을 것으로 보고 있다. 자신이 가진 자료를 완벽하게 편집하는 사람이 그것을 베껴 넣으면서 "우리"라는 용어를 사용하지 못했을 것으로 주장이다.[47]

그러나 위르겐 베네르트(Jurgen Wehnert)는 "우리" 안에 내포된 의미가 저자 누가가 아닌 바울의 다른 동행자로 볼 수 있다는 견해를 보인다. 사도행전의 저자는 1인칭 복수를 정확히 계속 유지하여 언급하는데, 1인칭의 관점 또한 어떤 한 목격자의 진술로도 볼 수 있기에 저자가 누가이든 다른 동역자이든 모두 다 1인칭 복수라는 의미로 보아야 한다고 주장한다.[48] 버논 K. 라빈스(Vernon K. Robbins)는 "우리" 항목에 대하여 다소 다른 의견을 제시한다. 당시의 공인된 해상여행의 글쓰기에서 다루는 작품들은 문체상 1인칭으로 사용하는 특성이 있는데 사도행전이 여행상황에서 쓰인 문체이므로 같은 맥락으로 이해해야 한다는 이유를 들고 있다.

그리고 누가의 복음서와 사도행전 서두에 나오는 데오빌로를 향해서 저자가 다음과 같이 1인칭을 사용한다.

우리 가운데 이루신 일(눅 1:1).

이것으로 보아 복음서의 목격자는 아니지만 어떤 의미에서 함께 그 사역에 동참하고 있다는 정신으로 기록했다고 보이며, 사도행전

---

47 듀퐁은 자신의 책 『사도행전의 자료들』(*The Sourece of Acts*)에서 "우리"에 대해 역사적으로 누가가 포함되어 생겨난 의미라고 주장한다. 마크 K. 포웰, 『사도행전 신학』, 이운연 역 (서울: 기독교문서선교회, 2014), 59.
48 Jurgen Wehnert, *Die Wir-Passagen der Apostelgeschichte: Einukanisches Stilmittel aus jedischer Tradition* (Getting: Vandenhoeck&Ruprecht, 1989) 105.

에 나오는 "우리" 또한 그러한 의미로 보는 것이 맞다는 주장이다.[49]

하지만 이러한 라빈스의 "우리" 견해에 대해 피츠마이어는 반론을 제기하는데 "우리" 안에는 누가가 포함되었다고 주장한다. 피츠마이어는 여행에서 "우리"라는 관점에 대해 해상여행 부분도 사도행전에 쓰여 있지만, 1인칭 관점에서 쓰이지 않았기에 문학의 문체를 근거로 반대의 주장을 하는 것은 설득력이 없다는 것이다.

라빈스의 주장에서 말하는 해상여행의 장르에서 볼 수 있으나 사도행전은 단순히 해상여행이나 지상 여행에 관한 책이 아닌 저자가 바울의 행적을 기록한 책으로 여행 부분은 그 목적을 위하여 그 과정에서 포함된 것이라고 보아야 한다고 주장한다.[50]

물론 "우리" 부분이 누가가 아닌 또 다른 바울의 동역자 중 한 명이라고 견해를 내는 학자들이 있지만, 누가는 1인칭 복수를 정확히 유지하고 있으며, 목격자의 진술로 그가 직접 기록했음이 틀림없다.[51]

2) 출생: 이방인 또는 유대인

누가에 대해 알려진 대부분의 사실 중 가장 확실한 내용은 그의 직업이 의사라는 점이다.[52]

---

49 Vernon K. Robbins, *The We-Passages in Acts and Ancient Sea Voyages*, BR 20(1975), 5-18.
50 Joseph A, Fitzmyer, *The Authorship of Luke-Acts Reconsidered* (London: Geoffrey Chapman, 1989), 26.
51 포웰, 『사도행전 신학』, 59.
52 골로새서 4:14에서 바울은 누가를 의사로 부르고 있다. O'Brien, *Colossians and Philemon*, 256.

의사라는 특성이 누가를 좀 더 엘리트다운 모습으로 만들어 주는가? 의사이며 바울의 동역자라는 점이 누가-행전의 저자임을 입증하는데 매력적인 근거이기도 하다.[53] 바울의 동역자라는 대단한 업적에 의사라는 직업을 가졌던 누가는 지금의 사람들이 생각하는 모습과 아마도 달랐을 것이다.

당시에 바울의 동역자로 어디를 가든 관심과 주목을 받는 사람이었을 것이다. 왜냐하면, 뒤이어 밝히겠지만, 누가는 이방인이었기 때문이다. 바울의 전도 방법의 하나가 회당 중심의 전도였다.

그것은 유대교를 따르는 사람 중 율법을 중요하게 생각하는 사람들을 주로 만나겠다는 것을 의미한다.[54] 사실 B.C. 1세기의 유대 그리스도인들 또한 안식일에 회당을 가는 것을 당연히 여기며, 헬라파 유대인들을 무시하기까지 하는 사람들로서 이방인과의 관계를 꺼림칙하게 생각하던 사람들이었다.

예루살렘교회의 예수의 형제 야고보 또한 유대교적으로 얼마나 깊이 살아가고 있었는가를 고려할 때 유대교를 신봉하는 디아스포라 유대인이 예루살렘에 살지 않았지만, 이방인과 어느 정도는 거리를 두고 살았을 것으로 추정할 수 있다.[55]

성경의 증거와 A.D. 2세기 교부들의 해석을 통해 전승되어 온 누가에 대한 정보는 오히려 간단하다. 누가는 바울과 관련 있는 인물이었고, 그의 직업은 의사이며, 예수의 목격자는 아니었지만, 이방인을 고려한 복음서를 기록한 것과 비록 신약에는 기록되어 있진 않지만

---

53 포웰, 『사도행전 신학』, 58.
54 메이첸, 『바울의 신학』, 116.
55 메이첸, 『바울의 신학』, 139.

누가는 시리아 안디옥 출신의 미혼이며, 오래 살다가 죽었다는 전승이 전부이다.[56]

최근에 예르벨(Jacob Jervell)은 자신의 책『사도행전 신학』에서 누가가 유대인일 수 있다고 주장한다. 예르벨은 누가가 사도행전을 기록한 것은 맞지만, 그가 이방인이라는 근거는 어디에도 없다고 말한다.

그리고 능숙한 헬라어 사용과 관련해서는 그 당시 엘리트 유대인들도 고급 헬라어를 구사하였고, 바울의 사도직을 일시적으로 언급하지만 열 두 제자와 같은 수준의 사도직으로 다루지 않은 점, 그것만으로는 누가가 이방인이라는 점을 확신할 수 없다고 주장한다.

그러므로 예르벨은 누가의 고급 헬라어 사용은 고상한 헬라어로 된 70인 역에서 영향을 받았고, 그는 회당 중심이었던 유대 그리스도인이라고 주장하였다.[57] 하지만 예르벨의 이 같은 주장은 많은 학자가 누가를 오히려 이방인임을 근거로 삼고 있는 이유로, 그가 이방인이라는 근거가 더 명확하게 드러나는 내용이다.

누가가 이방인이라는 기록은 성경 어디에도 없지만, 그가 이방인 유대교라는 추론은 가능하다. 오브라이언은 골로새서 4:11에 나타나는 할례당이라는 표현은 헬라화 된 유대인들을 지칭하는 것으로 이해하였다. 바울의 신실한 유대인 동역자 중 남아 있는 자들을 향해서도 할례당 표현을 사용하였다.[58]

---

56 벅,『누가신학』, 42.
57 예르벨은 당시 누가를 헬라어에 능통한 이방 지역 태생의 유대그리스도인으로 보았다. 자콥 예르벨,『사도행전 신학』, 윤철원 역 (서울: 한들출판사, 2009), 34-35.
58 O'Brien, *Colossians, Philemon*, 251.

하지만 골로새서 4:14에 있는 누가에 대한 소개는 그가 마치 이방인인 듯 표현되어 있다. 그에게는 유대 그리스도인과 구분하는 표현인 할례당이라고 표현을 하지 않기 때문이다.

포웰(Mark Allan Powell)은 누가가 고급 헬라어를 사용하는 것은 다른 유대인도 가능하다고 보았으나 모든 유대인이 고급 헬라어를 사용하는 것은 아니라고 주장한다. 누가는 빈번하게 헬라적 문체와 언어를 사용하고 있으며 희구법 같은 문학적인 헬라어를 도입하고, 또한 절대 소유격을 많이 사용하고 있다고 주장한다.

또한, 누가는 마가복음 5:14에 나오는 '달리다굼' 같은 아람어적 표현들을 피한다. 그 이유는 누가가 기록한 저작물의 1차 수신자인 누가 공동체는 고급 헬라어를 이해하고 사용하는 이방인 공동체라는 것을 암시하고 있기 때문이다.[59]

R. E. O. 화이트(R. E. O. White)는 누가를 헬라어에 능숙하고 회당적 사고를 잘 아는 유대교로 개종한 이방인으로 보고 있다. 사도행전에 8회나 나타나는 '하나님을 경외하는 자'는 유대교의 도덕에 매력을 느끼지만, 유대인의 민족적 관습과 할례와 동물 희생을 요구하는 것이 불편하여 완전한 개종을 거부한 이방인들을 가리키는 말로 누가 또한 같은 부류였을 것으로 보고 있다.

아마도 그렇기에 누가는 같은 처지의 유대교에 가입한 이방인들에게 많은 관심을 가진 것으로 보인다. 만약 이것이 옳다면, 누가는 신약성경 전체 중 28퍼센트의 부분을 저작한 이방인으로 유대인을 뛰

---

[59] 포웰, 『누가복음 신학』, 배용덕 역 (서울: 기독교문서선교회, 2012), 34.

어넘는 신약성경의 실제 저자 중 대표자였다고 볼 수 있다.[60]

누가의 고향이 시리아 안디옥으로 추측하는 이유도 바로 "우리" 항목에서 찾을 수 있는데, 사도행전 11:17에서 저자는 다음과 같이 "우리"를 넣어 쓰기 시작했다.

> 그때에 선지자들이 예루살렘에서 안디옥에 이르니 … 그리고 우리가 모일 때에 (행 11:17).

그렇다면 여행일지의 시작에서 사도행전에 최초로 등장하는 "우리" 구절이 된다.[61]

바로 바울과 바나바가 안디옥에 머물 때 누가와 처음으로 만나게 된 부분으로 간주할 수 있다. 아마도 누가는 A.D. 46년경에 예루살렘에서 온 바울과 바나바와 함께 안디옥교회에 있었으며, A.D. 50년경 빌립보에 바울과 실라와 함께 있었고, 그뿐만 아니라 두로와 브돌로메로 가서 그곳의 팔레스타인들을 함께 만나기도 했을 것이다.

가이사랴로 가서 일곱 집사 중 하나인 빌립도 만났을 것이며 마리아를 만나 어린 예수에 대해 조사도 하며[62], 일찍이 유대교의 회당 교제에 자주 참석하였을 것이고, 그곳에서 많은 사람을 만나기도 하였을 것이다.

---

60 R. E. O. 화이트, 『누가신학 연구』, 김경진 역 (서울: 도서출판 그리심, 2003), 16.
61 베자 사본 또한 "우리" 부분이 행 11:27에서 최초로 사용되었다. Metzger, *The Greek New Testament*, 344-345.
62 화이트, 『누가신학 연구』, 19.

4. 디도

1) 출생: 젊은 헬라 그리스도인

디도는 안디옥 출신의 헬라 그리스도인이다.[63] 디도가 헬라인이라는 내용은 갈라디아서에 나타난다. 갈라디아서 2:3에 바울은 다음과 같이 말하며 두 번째 예루살렘 방문에 관해 설명할 때 디도의 출생에 대한 정보를 준다.[64]

> 나와 함께 있는 헬라인 디도까지(갈 2:3).

갈라디아서 2:3을 근거로 추정해 보면 그는 안디옥 출신으로 누가와 함께 있었을 가능성이 크다. 그러므로 안디옥 출신의 초기 개종자 헬라 그리스도인 디도는 바울과 함께 동역한 이방인 중 한 명인 것이 확실하다.

디도는 바울이 아들처럼 아끼며 사역자로 세워나간 귀한 동역자로서 바울은 젊은 디도와 함께 예루살렘 방문까지 하였다. 디도는 이방인 그리스도인에 대한 할례 문제에 있어 율법과 무관한 구원 가능성의 훌륭한 본보기로 택해진 이방인 그리스도인이었다.[65]

---

63 브루스, 『신약사』, 318.
64 리처드 N. 롱에네커, 『WBC: 갈라디아서』, 이덕신 역 (서울: 도서출판 솔로몬, 2009), 250.
65 갈라디아서 2:3-5 참조. 메릴 C. 테니, 『갈라디아서 해석』, 92.

2) 바울과 관계: 바울과 함께 예루살렘 방문

디도의 이름이 바울 서신에 13회나 기록되어 있을 정도로 디도는 바울의 가장 신임받던 복음 협력자 중의 한 사람이었다. 바울은 이처럼 그가 이방인 출신이라는 약점을 염두에 두지 않고 소중한 동역자로 여겼음이 틀림없다. 바울이 동역자로서의 디도를 얼마나 소중히 여겼는지를 알기 위하여 바울과 디도가 예루살렘을 방문한 사건을 통해서 가능하다.

그렇다면 바울은 디도와 언제 예루살렘에 방문하였을까?

그에 대한 정보는 갈라디아서 2:1에 기록된 "십사 년 후"(갈 2:1)라는 어구에서 우리는 그들의 방문 기점을 유추할 수 있다. 사도행전의 계산법으로 보자면 조금의 오차가 있어 보이나 중요한 것은 바울과 디도의 예루살렘 방문에서 이방인들에 대한 유대인들의 태도가 우리들의 관심을 끌게 한다.[66]

메이첸은 갈라디아서 2:1에 대해서 사도행전 11:30, 사도행전 12:25과 유사성을 보이지만, 사도행전 15장과의 유사성이 더 근거가 있다고 보고 있다.[67]

그러한 관점에 동의한다면 디도를 비롯한 이방인의 할례와 관련된 예루살렘 회의가 있었고 그때 결정된 것은 한쪽의 일방적인 승리나 양보가 아니라 강요가 없는 양측의 동등성과 일치를 확인하는 자리

---

[66] 예루살렘의 기근과 아그립바 1세의 죽음 등 사도행전의 기록과 역사 기록의 일치를 고민해 보아야 하는 부분으로 몇 년간의 오차가 있다. 메이첸은 아그립바 1세의 죽음과 역사적 일치 문제에 대해 어느 시기이든 일말의 오차에 용납이 필요하다고 주장했다. 메이첸, 『바울의 신학』, 99.

[67] 메이첸, 『바울의 신학』, 104.

로 판단된다. 이방인 개종자들에게 율법의 자유를 결정하기까지 유대인 그리스도인들의 고뇌와 번민이 많았을 것으로 보인다.

분명 예루살렘교회 지도자들 사이에 내부적으로 논의가 있었을 것이고 보수적인 그들의 반발이 예상되는 부분이다. 그러나 전개는 예상과 다르게 예루살렘교회의 수장이며 유대교의 생활 방식을 여전히 고집하던 야고보까지 회의를 주도하면서 강요하지 않는 모습을 보인다.

이것은 참으로 놀라운 일이다. 아마도 예상하기로 바울의 적극적 호소가 큰 역할을 한 것으로 추측할 수 있다. 그리고 회의는 바울의 복음을 추인해 주면서 바울에게 경제적인 도움을 요청한다.

> 다만 우리에게 가난한 자들을 기억하도록 부탁하였으니 이것도 나도 본래부터 힘써 행하여 왔노라(갈 2:10).

갈라디아 교인들에게 예루살렘 교인들의 가난한 자들을 위해 헌금해 달라고 부탁한 것에 대해 언급한 사실은 고린도전서 16:1에 나타나 있다.[68]

그러나 바울은 이방인 개종자들을 장려하여 예루살렘교회에 보내는 헌금을 하는 것이 예루살렘에서 온 복음으로 인해지게 된 영적 빚을 좀 더 깨닫게 하고자 하는 마음으로 생각했을 것으로 보았다.[69]

---

68 박인수, 『바울의 서신들과 신학 III』 (서울: 대한기독교서회, 2014), 128.
69 브루스는 바울과 이방 그리스도인들이 자발적으로 예루살렘에 보내는 구제 헌금이었지만 야고보와 동료들은 그 헌금을 조공쯤으로 여겼다고 추정한다. 그에 대한 근거는 디도가 1차 구제 헌금 때에도 함께 동행하였다는 가정 하에 바울의 가장 믿음직스런 동역자 헬라인 디도를 보고도 할례 문제, 음식 문제 등 이방 그리스도인에 대한 문제제기를 하지 않은 부분을 통해 유추할 수 있다. 브루스,

헬라인 디도를 비롯하여 이방인에 대한 할례 문제로 이루어진 회의에서 바울은 예루살렘교회의 리더들과 조금의 대립이 있었다. 이러한 과정에서 바울의 노력과 노고는 상당하였을 것이다.

그러나 바울은 디도를 위해 기꺼이 문제들을 함께 풀어나가는 모습을 보여 주었다. 그 결과가 바로 디도가 "억지로 할례를 받게 하지 않았다"라는 바울의 직접적인 주장이 나오게 된 것이다.[70]

이방인인 디도를 향해 차별과 구별 없이 어려운 상황에 전면에 나서기까지 한 바울은 리더의 모습뿐만 아니라 사랑하는 동료의 모습도 강했다.

5. 결론

필자는 본 장에서 신분과 인종, 국적, 계층과는 상관없이 바울이 함께 사역했던 대표적인 동역자들에 대하여 살펴보았다. 바울은 안디옥교회에서 사역한 이후 그리스도인이 되는 과정에 있어 어떤 율법적 조건도 제시하지 않았고 함께 사역할 동역자를 세우는 과정에서도 신분과 인종, 민족, 계층을 제한하여 세우지 않았다.

아마도 바울의 이 같은 선교 방향에서 다른 유대 그리스도인들과 충돌은 충분히 존재한다. 왜냐하면, 당시에 기독교의 다문화적인 모습에 대하여 주변의 사회적인 시각이 긍정적이지만은 않았던 상황

『신약사』, 317.
[70] 테니, 『갈라디아서 해석』, 93.

때문이다. 그런데도 바울은 선교 여행 중 유대인 중심으로 그의 동역자들을 세우지 않았다. 바울은 오히려 모든 사회-문화적인 차별을 없애고, 그 사람의 신실함과 동역하면서 협력하는 성품을 보았다. 우리는 바울의 이 같은 모습이 가능했던 이유를 다메섹 도상의 경험으로 측면에서 추측해 볼 수 있겠지만, 그에게 가장 큰 영향을 준 것은 안디옥에서의 다문화적인 사역의 경험으로 생각한다.

제5장

바울과 여성 다문화 리더십

앞서 제4장에서 확인한 바와 같이, 바울은 다문화 남성 지도자들과 함께 사역하였다. 이방 지역에서 출생한 이방인을 비롯하여 부모의 민족이 각기 다른 다문화 가정 출신의 사역자까지 바울의 선교팀과 남성 지도력은 다문화적으로 구성되었다. 이것은 바울이 그리스도 공동체 안에서 유대인과 이방인을 넘어 다양한 계층과 인종에까지 차별이 없었다는 것을 보여 주는 것이다.

이 같은 바울의 다문화 남성 지도자들은 바울의 선교 여행은 물론이고 생의 마지막 순간까지 함께했다. 흥미로운 점은 그의 선교 사역에서 다양한 배경을 가진 여성이 상당수 발견되는데 이는 당시 사회-문화적 기준에서 특이한 점임을 반영한다.

바리새파였던 바울에게 있어서 가장 중요한 종교 문화적 원리는 유대교를 기반으로 한 유대인과 이방인을 구분하는 민족성에 대한 문제였다.

그랬던 바울이 아버지가 헬라인이었던 디모데를 동역자로 선택한 것에서 볼 수 있듯이, 민족성에 대한 관점에 변화를 경험했다면 여성에 대한 관점에 새로운 시각을 가졌다는 것은 합리적 추론이다.

첫째, 그렇다면 무엇이 유대교 정통 바리새파였던 바울이 여성에 대하여 우호적 관점을 갖게 하였는가?
둘째, 바울이 여성에 대한 새로운 관점을 가진 것과 그 결과로 바울이 보여줬던 여성 포용적 지도력을 증명할 수 있는 것은 무엇인가?
셋째, 한편 바울이 여성 호의적 관점을 가졌지만, 그가 여성이 남성에게 종속되어야 하는 것처럼 기술한 이유는 무엇인가?

본 장의 목적은 위의 질문들에 답하는 것이다. 우선 필자는 학계에서 다소 논란이 되는 세 번째 질문에 대한 논의로 본 장을 시작하고자 한다.

1. 초대 교회 여성 리더십에 대한 다양한 관점

초대 교회를 지나 중세 교회와 근현대 교회에 오기까지 교회 안에서의 여성에 대한 차별은 주로 교회 직분에서 나타난다. 여성 사역이 여전히 교회에서 논쟁 거리가 되는 이유는 바울이 말한 내용에 대한 주관적 해석 때문일 것이다.[1]

필자는 본 단락에서 바울이 여성을 어떻게 이해했는지를 구체적으로 다루기에 앞서 초대 교회의 여성 지도력에 대한 여러 관점을 소개하고자 한다.

---

1 윤철원, 『신약성서의 문화적 읽기』 (용인: 킹덤북스, 2013.), 326.

1) 타락 순서의 관점

여성 지도력에 대한 부정적인 견해는 주로 보수적인 신학자들 사이에서 강조된다.[2] 이승구는 교회 안에 여성의 역할이 반드시 필요하며 지금까지 중요한 사역을 해 왔다고 평가하지만, 성경은 여성이 남성을 가르치는 것이 불가능하다고 말한다.[3]

또한, 현대의 여성 지위 신장과 상관없이 성경의 문자적인 해석을 제시하며 바울이 기록한 디모데전서 2:12의 구절에서 여성은 남성의 권위 아래 있다는 의미로 해석한다.

> 여자가 가르치는 것과 남자를 주관하는 것을 허락하지 아니하노니 오직 조용할지니라(딤전 2:12).

그러므로 여성이 남성을 가르치는 지위를 갖는다는 것은 성경의 가르침을 위배하는 것이며, 교회 안에서 여성의 지위는 남성을 가르치는 목사와 장로의 직분 이상이 될 수 없다고 주장한다.

---

2 에드먼드 클라우니, 『교회』, 황영철 역 (서울: 한국기독교학생회출판부, 1999), 제15장을 참조.
3 하와의 타락이 가지는 죄성에 대한 해석보다 타락의 순서에 무게를 둔 해석이다. 이승구, "교회에서의 여성 사역의 문제에 대한 한 고찰: 디모데전서 2:9-15에 대한 성경 신학적 논의", 「교회와 문화」 제28권 (2012), 53-94. 이승구는 한국의 보수주의 개혁 신학자로 자신의 신학적 견해에서 여성은 목사나 장로와 같은 직분을 가지는 것이 불가능하지만, 폭넓은 시각으로 여성이 가르치는 사역은 필요하다고 주장한다. 그러나 교회 안에서 가르치거나 권위 있는 직분이 아닌 교회의 주일학교 교사의 직분이 적당하다고 제시하며, 사회나 학교 등 세상의 교육 집단에서는 아무런 제약이 없다고 말한다.

이승구가 근거로 제시하는 신학적 근거는 타락 순서에서 찾는다. 창조 원리에서 남자와 여자의 신분이 동등하지만, 타락의 순서에서는 여성인 하와가 먼저 타락하여 남성인 아담을 타락하게 했고 그 죄악의 결과로 남자가 여자를 다스리는 현상이 발생하게 되었다는 것이다. 남성과 여성은 동등하지만, 인격적 가치와 역할의 가치를 동일시해서는 안 된다고 말하며 남녀 간의 은사의 기능적 차이를 인정해야 한다고 덧붙였다.[4]

이것은 사회 다른 곳에서는 여성의 리더십은 인정되지만, 교회 안에서는 불가능하다는 주장이다. 하지만 성경에서 가르치는 일에 여성들이 잘 나타나지 않는 이유는 여성들이 아이들의 어머니로서 가정에서 아이를 돌보는 일에 먼저 최선을 다한 부분에서 찾아야 한다. 만약 아이들 육아에 남편들이 가정에서 많은 부분을 차지했더라면 남성도 가르치는 사역에 일찍이 모습을 드러내지 못했을 것이다.

디모데전서 2:12에 대해 이승구는 현재의 여성에 대한 신분이나 여성의 지위 신장의 관점을 배제하고 당시의 바울 서신에 기록된 문자적 내용으로만 평가하자고 제안한다.[5] 하지만 최종호는 디모데전서 2장만으로 해석하자는 의견에 대해 다음과 같이 말한다.

> 이 부분만을 딱 떼어내어 문자적으로 해석해서 여자는 감독이 될 수 없다고 해석한다면 그 문자적 해석은 부적절한 것이 되는 것이다.

---

4 이승구, 『기독교 세계관이란 무엇인가?』 (서울: SFC, 2003), 134.
5 이승구, "교회에서의 여성 사역의 문제에 대한 고찰", 59-60, 92-93.

이처럼 성경 일부분만으로 모든 해석의 결론을 내리는 것에 우려했다.[6] 즉 이것은 성경을 문자적인 부분만으로 해석하자는 것과 다른 바 없다.

디모데전서 2:9-15에서 여자는 남자를 가르칠 수 없고 주관하여서는 안 된다는 내용에 대해 문자로만 평가해야 한다는 주장은 성경을 왜곡할 수 있는 결과를 초래할 수 있다.[7]

바울 서신 가운데 여성의 지도력을 인정할 수 있는 본문이 적지 않게 기록되어 있다는 사실을 간과한 채 디모데전서 2:12의 기록 하나만을 제시하며 마치 바울이 여성의 가르치는 것과 주관하는 것을 금했다고 주장하는 것은 적절치 않아 보인다.

또한, 그것을 오늘 현시점까지 포함하여 각 시대의 모든 교회의 여성 지도자에게 적용하는 해석 또한 많은 무리가 있다.[8] 지금의 여성들이 초대 교회 당시의 여성들보다 그 지위와 신분이 많이 신장하였다는 것을 고려한다면, 그 말씀에 대한 해석과 적용은 더욱 신중해야 한다.[9]

---

6 최종호, "여성들의 목회 참여를 위한 성경적-신학적 고찰: 여성 목사 안수 문제에 대하여", 「인문학 논총」 제15집(1) (2010), 181-182.
7 최종호, "여성들의 목회 참여를 위한 성경적-신학적 고찰: 여성 목사 안수 문제에 대하여", 181.
8 G. W. Knight III, *The New Testament Teaching on the Role Relationship of Men and Women* (Grand Rapids: Baker Academic, 1977), 29. 나이트는 디모데전서 2:9-15가 여성들의 교회 내 지위 가운데 가르치는 것과 설교, 권위를 행사하는 것을 제한하는 가장 유일한 본문이라고 지적한다.
9 예를 들면, 앨버라 미켈슨, 『성경과 여성』, 홍성희 역 (서울: 기독교문서선교회, 1999), 38-47. 많은 학자는 여성의 지도력에 대한 긴 역사의 오해를 풀기 위해 노력하고 있다.

위에서 본 디모데전서 2:12처럼 오직 성경 한 구절만을 들어 일괄적으로 편협하게 해석하고 또한 그것을 자기 이해를 위하여 문자적으로만 이해한다면, 오늘날 우리는 교회에서 고린도전서 11:5에서 가르치듯이 기혼 여성들은 어떤 이유에서든지 교회 안에서 머리에 두건을 써야 하는 해석도 가능해진다.

본문 해석에 있어 상황과 문맥을 보는 것은 정확하고 바른 이해를 위한 중요하고도 기본적인 조건이다. 한 부분만으로 해석해야 한다면 성경의 다른 본문들과의 논리적 모순이 생긴다.[10]

따라서 머리에 두건을 쓰는 문제에 대해, 티슬턴의 견해에 따르면 로마 가톨릭교회가 아닌 모든 개신교회에서는 고린도전서 11장의 머리에 두건을 쓰는 문제와 관련하여 두건은 당시 결혼한 여성이 공공장소에서 자신의 품위를 나타내기 위한 하나의 소품이었다고 설명하는데 이에 대해 반대하는 사람은 없을 것이다.[11]

10　최종호는 한 부분만으로 성경을 해석할 경우 찾아오는 논리적 모순의 예로 다음을 제시한다. 디모데전서 2:12은 여자가 남자에게 복종해야 한다는 것을 말하지 않는다. 이것은 디모데전서 2:7, 2:10과의 관련 속에서 읽어야 한다. 즉 여자들도 바울의 가르침을 듣고 하느님께 복종해야 한다는 것이다. 우리는 여기서도 왜(why) 여자들이 남자들을 가르치 말라는 것을 말하고 있는가를 살펴보자. 문제는 왜(why)다.
여기서 여성이 남성을 가르치지 말라는 어떤 특별한 상황이 있었는가 아니면, 여성은 언제 어디서나 남성을 가르쳐서는 안 되는가?
만약 후자가 맞다면 디모데전서 2:11-12과 또 다른 구절, 예를 들면 "기도를 하고 예언을 하라"(고전 11:5)는 말씀과의 논리적 모순이 생긴다. 계속하여 다음을 참조. 최종호 "여성들의 목회 참여를 위한 성경적-신학적 고찰: 여성 목사 안수 문제에 대하여", 184.
11　여성의 머리에 두건을 쓰는 것에 대한 당시 문화적인 내용은 다음을 참조. Thiselton, *1Corinthians*, 312.

뱅크스(Robert Banks) 또한 머리에 두건을 쓰는 것과 남자들의 머리 길이에 대한 성경의 언급을 당시의 사회-문화에서 답을 찾아야 하며, 여성의 사회적 위치를 평가 절하하는 남성의 우월함을 주장하는 남성들의 입장을 위한 해석으로 이용되어서는 안 된다고 강조한다.[12]

2) 창조 질서의 관점

이광호는 문자적으로 단순하게 해석하자는 주장과 함께 창조 질서를 내세워 여성 리더십을 반대한다. 그는 디모데전서 2:11-14을 인류 최초의 타락에 비유하며 여성 목사직을 반대한다.[13]

최초로 범죄한 여자인 하와의 타락이 심각한 죄악의 원인이었기 때문에 감독과 같은 권위 있는 직분의 역할들을 줘서는 안 된다는 것이다.[14]

그러나 이 같은 주장이 과연 정당한가?

창조 질서와 타락의 비유를 들어 남성인 아담을 하와가 죄에 빠지게 했다는 내용이 과연 정말 바울이 여성 리더십을 반대하는 근거로 제시될 수 있는지 의문이 남는다.

---

12 Robert Banks, *Paul's Idea of Community* (Grand Rapids: Baker Academic, 1994), 120.
13 이광호는 창조 질서와 함께 하와의 타락이 가지는 죄악의 심각성에 무게를 두어 해석한다. 이광호, "여자 목사 제도는 성경적인가: 김세윤 교수의 주장을 우려하며", 「진리와 학문의 세계」 제11권 (2004), 12-13.
14 하와의 타락이 여성 죄악의 원인이라는 주장에 대하여 다음을 참조. Ann L. Bowman, *Women in Ministry: An Exegetical Study of 1 Timothy 2:11-15*, BSac 149 (1992), 203-204.

사실 이광호의 주장은 에베소교회를 향한 바울의 말을 오해한 것이며, 바울은 궁극적으로 여성의 직분이나 창조 질서에 관한 이야기를 하는 것이 아니다.

디모데전서 2: 1-7에 바울은 에베소교회에 거짓 교사에 미혹되어 분노와 다툼을 일삼았던 자들이 있었던 사건이 있었음을 먼저 인지하여야 한다.[15]

이광호의 주장과 같은 맥락이지만 다른 해석을 하는 클라우니(Clowney)는 창조 질서가 교회 질서라고 강조하며, 바울은 여자의 복종을 요구하는 이유로서 창조 질서에서 여자보다 남자가 위에 있다고 주장한다.

이는 아담이 먼저 지음을 받고 하와가 그 후며(딤전 2:13).

고린도전서 11:3-16에서는 예배의 예법에 관해서 이야기하면서 이 생각을 발전시킨다.[16]

---

15 최영실, 『성서와 여성』(성남: 민들레책방, 2004), 128. 바울은 당시 영지주의가 에베소교회에 들어오며 문제가 되었던 남성과 여성들의 문제를 지적하고 권면하는 내용인 것을 문맥적으로 이해해야 한다. 단순히 모든 여성이 가르치는 것과 지위적인 부분에서 배제되어야 한다면 교회 내에서는 어떠한 역할도 할 수 없는 입장으로 보아야 한다. 그러나 다른 바울 서신과의 일관성들을 주목하여 볼 때 에베소교회의 영지주의에 빠진 여성들에게 하는 말로 보는 것이 적합하다. 송혜경, 『영지주의-그 민낯과의 만남』(의정부: 한님성서연구소, 2014), 24. 송혜경은 영지주의의 토착화 과정에서 많은 그리스도인과 충돌이 있었고 영지주의에 대한 문제제기와 논쟁이 A.D. 2-3세기에 시작되었다고 보고 있다. 그리고 1세기에서 2세기까지 그리스도인들 사이에 정통과 이단을 구분하려는 의지가 약했다고 주장한다. 이유는 그리스도인의 믿음 역사가 시작된 이래 믿음에 대한 정의를 내리며 구분하는 것에 미흡했기 때문이다.
16 클라우니, 『교회』, 243.

클라우니는 바울이 당시 '기독교 공동체'의 존경을 받기 위하여 사회적 문화에 맞추고 있는 것이 아니라 자신의 소신에 의한 에베소교회를 향한 외침으로 보았다.

그렇게 보는 배경에는 바울의 창조 질서 개념으로 보면 아담만이 완전한 하나님의 형상이 아니며 남녀 모두 하나님의 형상으로 보는 것에 동의하지만, 남성이 먼저 지음을 받은 것과 타락에 있어 여성이 남성인 아담을 속인 것에 하나님께서 더 큰 죄로 보고 있다는 견해가 깔려있다.

따라서 창세기 3장에 나오는 여성의 저주를 바울이 디모데전서 2:15에서 발전시켜 언급한 것이라고 클라우니는 주장한다.[17] 하지만 이 같은 해석은 여성의 리더십을 부정하고자 임의적으로 해석한 것에 불과하다. 이런 맥락으로 클라우니 같은 주장을 베일리(Bailey)는 다음과 같이 반박한다.

> 창조의 질서를 언급하는 것은 인간의 열등함을 역으로 증명하게 될 것이며 창조의 순서에서 남자가 여자보다 먼저 지음 받음이 우선적인 것이라면 창조기사의 순서에서 남자보다 동물이 더 중요하게 되고 동물보다 풀, 식물 그리고 마지막으로 공허함이 제일 중요한 것이 되기에 창조의 순서가 이유가 되어서는 안 된다.[18]

---

[17] 클라우니, 『교회』, 244-247. 창조 질서와 타락의 순서를 언급함에 있어 클라우니 본인 스스로 조심히 접근하며, 여성이 남성보다 열등한 존재가 아님을 강조한다. 그러나 먼저 타락한 여성이 남성 보다 더 큰 죄를 가진 것으로 보았다.

[18] Kenneth E. Bailey, *Paul Through Mediterranean Eyes* (Downers Grove, 2011), 303.

또한, 마지막에 지어진 사람인 남자 아담이 중요하다는 것에 우리는 모두 동의하지만, 남자보다 더 늦게 창조된 여자가 남자보다 더 중요하고 귀중한 존재가 되어야 한다.[19] 타락의 순서에 관해서도 먼저 타락하느냐 나중에 타락하느냐는 중요하지 않다. 그리고 여성에 대한 이러한 해석 자체가 바울을 성차별주의자나 가부장적 문화의 옹호자처럼 보이게 한다.[20]

바울은 단순히 에베소교회의 문제를 지적하였을 뿐이며, 모든 여성의 지위를 문제 삼은 것이 아니라 개별 교회 중 하나인 에베소교회 내에 발생한 여성의 문제를 해결하기 위한 권면으로 해석하는 것이다.

왜냐하면, 이 구절에 대한 남성주의적 해석은 바울 서신의 다른 곳에서 보이는 여성의 리더십을 인정하는 부분의 해석과 충돌하는 것이며, 바울의 남녀평등에 대한 신학적 이해에 대해 편견과 선입견들로 이어질 수 있기 때문이다.

바울은 복음을 남성과 여성 모두에게 가르쳤다. 메쯔거에 의하면 사도행전 11:26에 다음과 같이 기록되어 있는데, 이것은 교회 공동체 전체의 동요가 있을 만큼의 의미를 내포한다.[21]

---

19 블롬버그는 바울이 질서와 순서를 동등하게 보지 않았다고 강조한다. Craig Blomberg, *1 Corinthians* (Grand Rapids: Zondervan, 1994), 216.
20 박종기, 『디모데전후서 디도서』 (서울: 한국장로교 출판사, 2017), 76. 디모데전서 2:8-15에서 바울의 권고에 대해 오늘날 많은 학자들이 해석한 마지막 평가는 공통되게 바울이 성차별주의자로 보이게 하거나 아니면 가부장적인 바울의 모습을 상상하게 만든다는 것이다. 하지만 바울의 권고는 확실히 당시 에베소의 상황에 기초하여 이루어진 것이다.
21 Metzger, *The Greek New Testament*, 344. 사도행전 11:24, 26에 '무리'를 나타내는 헬라어 '오클로스'(ὄχλος)는 누가-행전에 대략 62회에 걸쳐 사용되었다. 그 중 대다수가 남녀를 포함한 군중을 지칭하는 의미로 사용되었다. 안디옥교회에서 지칭하는 '오클로스' 또한 남녀 성도를 구분하지 않고 교회 공동체 대부분을

교회에서 일 년간 큰 무리를 가르쳤다(행 11:26).

당시 사회적으로 주목을 받을 만큼의 교회 성장이 있었다.[22] 사회적으로 관심의 대상이 될 정도의 성장세였다면 분명히 유대인과 이방인의 뿐만 아니라 여성들에게도 복음이 전해졌을 것이다.

즉 바울은 남녀를 차별하거나 구분하지 않고 가르치며 제자로 삼았음을 보여 준다. 그리고 가르침을 받은 제자들인 안디옥교회의 무리가 교회 밖의 사람들에게, 그 의미가 긍정적이든 부정적이든, '그리스도인'이라고 불리게 될 정도로 달라진 모습을 보였다는 것은 그 가르침의 성과가 나타난 놀라운 사실이 아닐 수 없다.

이것은 바울이 복음 앞에 민족과 계층, 남녀 구분 없이 모두 다 변화하는 것을 보며 복음 앞에 차별 없음을 확신하게 되는 과정이기도 하다.

안디옥교회는 이렇듯 바울이 복음의 정신으로 가르치고 또한 스스로도 성장하여 이전의 유대교와는 다른 인종과 남녀를 구분하지 않는 인식이 형성된 곳이었음을 확인할 수 있다.

즉 다메섹 도상에서 예수 믿는 자들의 핍박 자였던 바울이 은혜로 예수를 만나며 회심을 하고 복음을 알게 되었으며, 헬라파 일꾼이었던 스데반의 죽음에 책임이 있음에도 안디옥교회의 큰 무리를 가르

의미한다. 누가복음에는 3:7, 10; 4:42; 5:1, 3, 15, 19; 6:17, 19; 7:9;,11, 12, 24; 8:4, 19, 42, 45; 9:11, 12, 15, 18, 37, 38; 11:14; 27, 29; 12:1, 13, 54; 13:14, 17; 14:25; 18:36; 19:3, 39; 22:6, 47; 23:48로 총 40회 사용되었으며, 사도행전에는 1:15; 6:7; 8:6; 11:24, 26; 13:45; 14:11, 13,14, 18, 19; 16:22; 17:8, 13; 19:26, 33, 35; 21:27, 34,35; 24:12, 18로 총 22회 사용되었다.

22 Cho·Park, *Acts, Part One*, 239. 버지, 『예수와 땅의 신학』, 152.

치게 되는 과정을 통해 복음을 가르치는 대상에게도 차별을 두어서는 안 된다는 사실을 확신하게 되는 시간이었을 것이다.²³

이후에도 바울은 복음 앞에서 어떤 경우에도 남자나 여자나 구분하지 않았을 것이다. 자신이 차별 없이 받고 가르친 복음을, 바울이 남녀를 차별하여 남자는 복음을 가르칠 수 있고 여성은 가르치지 못한다고 일반화시켜 말했다면 그것은 바울 스스로 자기모순을 드러내는 것이다.²⁴

그러므로 디모데전서 2:12의 바울의 언급은 모든 시대, 모든 여성에게 적용되는 일반적 진리라기보다 당시 에베소교회의 특수한 상황에 대한 바울의 권면으로 보아야 한다는 대다수 학자의 견해가 더욱 설득력이 있는 것으로 간주하여야 한다.

3) 사회-문화적 관점

벨(Albert A. Bell, Jr.)은 헬라 여성의 활동 범위가 로마 여성들보다 상대적으로 제한적이었음을 강조한다. 헬라 여성들이 남성들로부터 많은 학대와 억압을 받았고 그로 인해 여성들만 출입이 가능한 사교가

---

23 Marshall, *Acts*, 210-211. 스데반은 예루살렘교회에서 과부들의 구제를 위해 세운 헬라파 7인의 일꾼 중 한명이다. 일꾼으로 세워진 이후 회당에서 논쟁으로 인해 유대인들로부터 투석을 당하여 순교한다. 스데반의 순교 현장에서 옷을 맡을 만큼 중요한 역할을 했던 바울이 이후 예수를 믿는 남녀를 모두 잡으러 다니게 되고 그 과정에서 바울로부터 도망친 자들이 시리아 안디옥에까지 이르게 되며 생겨난 교회가 안디옥교회이다. 즉, 바울의 핍박에 의해 생겨난 교회가 바울이 가르치게 된 교회이다.
24 Banks, *Paul's*, 213.

있을 정도라고 전해온다.[25] 여성은 지혜가 필요한 열등한 존재였고 이동의 자유 또한 엄격히 제한되었다. 여성들의 지위는 평생 어린아이와 같았다. 여성들은 남성들보다 지적으로 많이 열등하며 여성들이 남성과 할 수 있는 것은 성교뿐이라고 생각을 할 정도였다.[26]

반면, 로마 여성들은 헬라 문화권의 여성들보다 비교적 덜 제한적이었다. 로마의 여성들은 결혼 전에 아버지의 보호 아래 거하고 결혼 후에는 남편의 보호 아래 있게 된다. 남편과 사별하더라도 여성들은 생계를 위해 재혼을 중요하게 고민하지 않아도 되었다. 여성들이 자기 재산의 소유가 가능했기 때문이다. 남편의 유산을 그대로 물려받아 경제와 생활면에서 벗어날 수 있었다.[27]

로마 문화가 헬라 문화보다 자유로웠지만, 여성의 사회적 지위는 여전히 제한적이었고 제도적인 지위 보장을 부여받지 못했다. 그것은 로마인들이 동경하는 헬라 문화를 많이 받아들이고 살았기 때문이다. 그러한 헬라 문화로 가득했던 헬라 사회에서 우리는 유대 배경의 여성들과 헬라 문화의 여성들, 로마 문화의 여성들이 함께 공존하고 있었다는 것을 먼저 알아야 한다.[28]

---

25 앨버트 A. 벨, JR., 『신약 시대의 사회와 문화』, 오광만 역 (서울: 생명의 말씀사, 2016), 348. '디오니오스교'와 '대모교'와 같은 사교들은 주로 회원이 여자들로만 이루어져 있었다. 이들 종교에서는 여자만 의식에 참여하게 하여 단 며칠이라도 여자들이 남자들의 지배에서 벗어날 기회를 주기도 했다.
26 Maryanne C. Horowitz, *Aristotle and Woman*, Journal of the History of Biology vol. 9, no.2 (1976), 183-213.
27 벨, JR., 『신약 시대의 사회와 문화』, 347. 법적으로 여성들의 재산 보유가 완전히 자유롭게 된 것은 클라우디우스 황제(A.D. 41-54년) 이후에 가능했다.
28 최갑종, "한국기독교와 사회에서의 여성의 인권 신장을 위한 초기 기독교와 고대 헬라-로마-유대 사회에서의 여성의 역할과 위치에 관한 연구-바울 서신의 가르침을 중심으로", 『한국복음주의신학회논문집』제38권 (2005), 421-501.

바울은 다양한 문화가 존재하는 안디옥에서 다양한 계층, 다양한 민족과 다양한 배경의 사람들과 함께 공동체를 이루고 있었다. 그러한 경험을 통하여 바울은 확실히 다양한 문화에 대하여 효율적이며, 융통성을 갖게 되었을 것이다. 이를테면, 고린도교회에서는 여성의 두건 쓰는 문제에 있어 바울은 여성들에게 그냥 두건을 쓰고 남자들과 불편한 관계를 개선하는 방법을 권면한다.[29]

만약 바울이 여성을 무시했다면 아무런 예언도 하지 말고 교회에서 아무것도 하지 말라고 권면할 수 있었으나 바울은 예언이나 방언의 활동은 그대로 유지하며 옷차림에 대한 문제에서 두건을 쓰면 모든 문제가 해결되니 그냥 두건을 쓰는 것으로 정리를 한다.

베일리는 이 내용과 관련해서 바울이 여성을 무시하는 것이 아닌 남성을 걱정한 것으로 보았다. 그 이유는 여성이 머리에 두건을 쓰지 않았을 때 그 모습이 성적인 유혹처럼 인식되는 문화였기 때문에 교회 안에 있는 남성들의 성적인 유혹에 영향을 끼치게 될 것을 걱정했다.[30]

바울의 해결책은 무시와 차별이 아닌 문화적 고려에 의한 권면이었다는 것이 핵심이다. 바로 다양한 문화가 공존하는 교회의 사역이 유대교적인 기준 안에서만 제시되어서는 안 된다는 것을 보여 준다.

유대인만의 단일 형태의 교회에서는 문제가 되지 않을 수 있겠지만, 다양한 민족과 다양한 계층으로 이루어진 공동체에서는 문제가 될 수 있다.

---

29 Bailey, *Paul*, 305-306.
30 Bailey, *Paul*, 305. 베일리는 여성이 두건으로 머리를 가리지 않은 것을 현대적인 관점으로 본다면 자신의 부인이 몸매가 드러나고 가슴이 깊이 파인 원피스를 입고 예배를 인도하는 격이라고 비유한다.

이방인의 사도 바울에게 가장 필요한 모습이 기독교 지도력의 바른 모습인 '존중'일 것이다. 각자의 사람들이 모인 곳이 '기독교 공동체'이고 그곳에 사회적인 약자인 여자들이 함께 동등하게 지도력을 갖추고 있어야 한다.

이후에 더욱 자세히 다루겠지만, 메이첸은 바울의 고백인 갈라디아서 3:28의 말씀에서 여성과 남성의 동등성을 찾는다.[31]

> 유대인이나 헬라인이나 종이나 자유인이나 남자나 여자나 다 그리스도 예수 안에서 하나이니라(갈 3:28).

이것은 인간의 본성과 인간의 질적인 부분에서도 동등하지만, 그리스도와의 연합을 통해 모든 민족과 계층과 남녀가 형제자매로서 동등하고 차별이 없음을 확신하는 말씀이다.[32]

그런데도 바울의 그리스도 안에서 하나 됨이라는 주장은 당시에 받아들이기 어려운 문화적 이해였다. 특히, 여자와 남자가 동등하다는 것은 헬라 문화 배경을 가진 남성과 여성들 모두에게도 낯설고 이해하기 쉽지 않았을 것이다. 이런 바울의 다소 급진적인 주장에 대하여 학자들은 다양한 견해를 제시한다.

랜달(John Herman Randall)은 바울이 스토아주의 철학에 영향을 받았다고 강하게 주장한다.[33]

---

31 남성과 여성에 대한 구원과 역할의 동등성을 의미한다. J. Gresham Machen, *The Origin of Paul's Religion* (New York: Macmillan, 1925), 226.
32 Albert Schweitzer, *The Mysticism of Paul the Apostle* (New York: Macmillan, 1955), 10-11.
33 스토아주의에 관해서는 다음을 참조. 폴 틸리히, 『그리스도교 사상사』, 송기득

하지만 놀랜드 H. 내쉬(Ronald H. Nash)는 당시 바울의 외침이 시대적 상황에 비해 그저 파격적일 뿐이라고 일축했다.[34] 이에 대해 김세윤은 다메섹 도상의 환상 경험이 바울의 사상과 신학에 큰 영향을 주었고 그 결과로 문화 인식에 대한 변화까지 가능했을 것으로 본다.[35] 한편 B. 리고(B. Rigaux)는 다음과 같이 주장한다.

바울이 폭탄 같은 일종의 환상의 부르심을 받았지만 단번에 바울을 사도로 만든 것이 아닐 것이다.

이로 보아 바울은 단번에 자신을 사도로, 특히 이방인의 사도로 부르심을 받았다는 것을 알았을 지라도 모든 측면에서 완전한 깨달음은 부족했을 것이라고 주장한다.[36]

역 (서울: 대한기독교서회, 2008), 43-46. John H. Randall Jr., *Hellenistic Ways of Deliverance and the Making of the Christian Synthesis* (New York: Columbia University Press, 1970), 155.
34 놀랜드 H. 내쉬, 『복음과 헬라 문화』, 이경직·김상열 역 (서울: 기독교문서선교회, 2017), 104. 당시 문화적으로 생소한 교리를 전한 것이 기독교에서 지혜로운 자나 지혜롭지 못한 자나, 종이나 자유인이나, 유대인이나 헬라인이나, 남자나 여자나, 모두 다 동등하다는 것을 강조하는 것에서 스토아 철학의 영향을 받았다는 추측이 있다. 스토아 철학의 영향을 받지 않았다는 것은 좀 더 자세히 바울의 의도를 살펴보면 알 수 있다. 바울은 자연법적인 동등성과 인도주의적 동등함을 주장하는 것이 아니다.
35 김세윤, 『바울신학과 새관점』 (서울: 두란노서원, 2014), 25-26. 김세윤은 다메섹 도상의 환상을 보던 그 자리에서 모든 교리가 완성된 것은 아니지만 대부분 교리적 깨달음은 일어났으며 이후 짧은 시간 안에 완성된 것으로 보고 있다.
36 B. Rigaux, *Letters of Paul*. Modern Studies (Chicago: Franciscan Herald, 1968), 61-62.

리고의 주장이 개연성을 가진다면, 바울은 복음의 계시와 자신의 사도성을 다메섹 환상을 통해 깨달은 후, 민족, 인종, 계급, 그리고 성별에 대한 그의 균형 잡힌 사회-문화적 경험은 안디옥교회에서 비롯되었을 가능성이 농후함을 보여 준다.

그후 제1차 선교 여행, 그리고 점증하는 논쟁을 통하여 그의 확신은 점진적으로 검증되어 갔을 것이다.[37] 바로 바울의 사고의 전환에 안디옥교회의 경험이 큰 영향을 끼쳤다고 주장 할 수 있다. 이것과 관련해서 이어지는 단락에서 보다 상세하게 다룰 것이다.

2. 여성에 대한 바울의 인식

필자는 앞에서 정통 바리새파 유대인이었던 바울이 여성에 대한 관점이 우호적으로 변하게 되었던 계기를 안디옥교회의 다문화적 사역의 영향이었을 것으로 추정했다. 안디옥교회에서 많은 영향을 받은 바울이 사도행전에서 여성을 차별하는 듯하게 보이는 기록을 찾아볼 수 없다.

또한, 그의 서신중에 남성 지도력뿐만 아니라 여성 지도력을 언급하는 것 여러 곳에서 볼 수 있다.[38] 그것은 바울이 어떤 성별과 관계

---

[37] 조지프 플레브닉, S.J., 『최근 바울신학 동향』, 배용덕 역 (서울: 기독교문서선교회, 2007), 38.
[38] 여성 리더십에 관하여 다음을 참조. 김경진, "상황과 이상의 조화: 신약에 나타난 억압된 여성 인권에 대한 변론", 「성경과 신학」 제59권 (2011), 74. 최영숙, "바울이 말하는 고린도교회 여성들", 「신약논단」 제22권 제3호(2015), 750-752. 사도 바울은 여성 리더십을 인정하는 모습을 보인다. 여성의 지위에 있어 사도 바

없이 복음 앞에 동등하고 차별이 없다는 그의 관점이 일관됨을 보여 준다.[39]

바울이 안디옥에서 사역한 이후 새로운 모습을 보인다는 점에 주목할 필요가 있다. 사도행전 11:22-23에 따르면 바나바는 예루살렘 교회의 보냄을 받아 안디옥으로 왔다. 그는 도착하여 공동체의 모습에서 어떠한 문제점을 지적하기보다 이방인과 유대인의 연합함에 만족함을 가지고 바울에게 함께 사역할 것을 제안하기까지 했다. 브루스는 안디옥교회가 할례와 음식 법에 어떠한 율법적인 규제가 없었고 유대인과 이방인에 대한 인종적인 차별 또한 없는 순수한 믿음의 공동체로 보았다.[40]

즉, 이방인의 전도자가 되기로 이미 결정한 사역자 바울에게 안디옥교회의 모습은 차별이라는 벽을 넘을 수 있는 가장 좋은 이상적인 교회의 모델이 되었을 것이다.

울은 자신이 기록한 서신에서 남성과 동등한 사역의 활동적 범위를 인정하고 있다. 남성과 여성의 리더십의 동등성에 대하여 다음을 참조. Craig S. Keener, *Paul, Women & Wives* (Peabody: Hendrickson Publishers, Inc., 1992), 여성에게 교회 안에서 '잠잠하라'는 발언에도 불구하고 여성들은 계속하여 기도하고 예언하는 사역을 이어갔으며, 가르치는 자리에 그대로 있었다는 사실에서 사도 바울의 발언에 대해 새로운 평가를 해야 할 때라고 보여진다. David G. Horrell, 『바울 읽기』, 윤철원 역 (서울: 도서출판 미스바, 2003), 48-50. J. I. Packer, *Let's Stop Making Women Presbyters*, Christianity Today (February 11, 1991), 18-21. David W. Odell-scott, *Indefense of an Egalitarian Interpretation of 1 Cor 14:33-36*, BTB 13 (1983), 90-93. 알베라 미켈슨, 『성경과 여성』, 168. Jack Levison, *Inspired the Holy Spirit and the Mind of Faith* (Grand Rapids: Eerdmans, 2013), 110-111.

39 윤철원, 『신약성서의 문화적 읽기』, 346.
40 Frederick. F. Bruce, *Commentary on the Book of the Acts* (Grand Rapids: Eerdmans, 1977), 226-228.

다문화 도시인 안디옥에 세워진 교회 공동체는 예루살렘교회와 사회-문화적으로 볼 때 출발부터 다른 정서가 있었다는 브루스의 주장처럼 유대교의 전통이 중심이 되기보다 그리스도의 가르침이 중심이 되는 순수 연합 공동체였다.[41]

엘웰과 야브루는 바울이 이방인과 유대인의 차별을 극복하게 된 것은 레위기 19장을 바르게 이해하게 되면서 가능하게 된 것으로 보고 있다. 전통적인 바리새파였던 바울이 레위기 19:18에 나타난 이웃에 대한 사랑이 레위기 19:34에 유대인이 아닌 이방인에게도 동일하다는 것을 알게 되며 복음 앞에 차별이 없는 모습을 보였다는 것이다.[42]

즉, 바울은 유대전통과 율법적인 부분을 초월한 안디옥교회에서 문화적 경계를 뛰어넘는 새로운 관점과 사역의 연합 모델에 대해 영향을 받은 것이다. 자세히 살펴보면, 안디옥교회 사역 이후부터 유대인, 이방인, 남성, 여성, 신분과 계층 어디에서도, 마치 베드로가 고넬료 가정을 향하여 그랬던 것처럼, 차별하는 장면이 사도행전에 나타나지 않는다.

사도행전에 나타난 바울은 차별 없이 공동체의 형제자매들을 대우하고 어떤 지역에서도 율법과 유대인의 전통을 기준으로 문제 삼지 않았다.

벤자민 리오크(Benjamin Reaoch)는 자신의 저서 『성경과 현대인권』에서 당시 로마의 3대 도시 안디옥에서 여성과 노예의 신분은 유사할 만큼 낮았다고 주장한다.[43]

---

41 Bruce, *Acts*, 228.
42 엘웰·야브로, 『사도행전 연구』, 126.
43 여성과 노예의 신분 지위에 대한 유사성에 대하여 다음을 참조. 벤자민 리오크,

또한, 파겔스(Pagels)는 바울이 고린도전서 11:3에 말한 말씀을 표면적으로 해석하여 권위의 구조 위계로 보아야 한다는 의견이다.

> 각 남자의 머리는 그리스도요 여자의 머리는 남자요 그리스도의 머리는 하나님이시라(고전 11:3).

이것은 남성과 여성을 근원적 순서라는 의견으로 해석을 하는 것이다.[44] 그러나 그 당시 시리아 안디옥의 사회통념과는 달리 사도행전과 바울 서신 어디에도 바울이 실제로 선교하고 사역한 곳에서 차별했던 흔적은 찾아볼 수 없다.

그는 안디옥을 비롯하여 다른 사역지 어디에서도 할례와 음식법 같은 율법적인 부분을 문제 삼지 않았고, 이후에 더욱 자세히 다루겠지만, 여성을 사역자로 삼거나 중요한 인물로 소개하는 것에 충분히 과감했다.

바울의 이런 주장은 1세기 로마 문화의 여성들과 헬라 문화의 여성들에게 매력으로 작용했을 것으로 보인다.[45] 여성의 사회적 지위는 신분상 차별이 있었을지라도, 교회 공동체 안에서 여성들은 남성

『성경과 현대인권』, 김대성 역 (서울: 개혁주의 신학사, 2020), 111-153.

[44] Elaine Pagels, *Paul and Women: A Response to Recent Discussion*, JAAR 42(1974), 538-549. 하지만 크리소스톰(John Chrysostem)과 같은 초대 교회 교부는 여성에 대한 바울의 시각이 달랐다고 여기기도 했다. 요한 크리소스톰, 『로마서 강해』, 송종섭 역 (서울: 지평서원, 2000), 554-551.

[45] Stark, *The Rise of Christianity*, 110. 물론 기독교 여성이 누리던 여성의 유리한 성비가 가족 내에서뿐만 아니라 교회 안에서도 상당히 높은 지위와 권력을 가진 것이 현실로 드러났으며, 로마나 헬라의 어떤 도시보다 교회 안 여성의 지위는 자유롭고 높았다는 것은 Ramsay MacMullen, *Christianizing the Roman Empire* (New Haven: Yale University Press, 1984)의 제2장을 참조.

들과 차이가 크지 않았다는 점에서 여성들에게 매력적이었다.[46]

이러한 모습은 바울이 안디옥교회에서 남녀차별 없이 모두를 가르치게 된 것과 연관이 있으며 이후에도 회당에서 남성들만 가르치는 것이 아니라 여성들에게도 복음을 전하고 가르치는 데에 차별하지

---

[46] 당시의 시대 상황을 보면 여성의 지위는 매우 낮았으며, 여성은 어린아이와 같은 지위를 가지고 있었다는 것이 이미 잘 알려진 사실이다. 그리고 로마 여성들이 헬라 여성들에 비해 자유로운 것은 사실이지만, 헬라 문화를 동경하는 로마 남자들의 사회에서 여전히 로마 여성들 또한 사회적인 지위 같은 제도권의 보장을 받는 신분적 혜택은 전혀 없었다. 그러나 놀라운 점은 예루살렘이 아닌 이방 지역 교회 안에서는 여성의 역할이 일반적인 생각보다 높거나 자유로운 편이었다. 여기에 대해 스타크는 이방 지역의 초대 교회 안에서 여성의 지위에 대해 남녀의 성비가 바로 열쇠라고 밝히고 있다.
스타크는 구텐타그와 세코르드의 연구들을 종합하여 볼 때 여성의 성비가 교회의 성장과 중요한 관련이 있고 여성의 비율이 높을수록 여성의 리더십과 교회의 성장이 강했다는 의견을 전하고 있다. 초기 교회에서 여성이 누린 지위는 성비에 따라 차이가 있었을 것이고 그로 인한 여성과 남성의 갈등 또한 있었다. Stark, *The Rise of Christianity*, 11-107.
교회 안뿐만 아니라 고대 사회인 아테네와 스파르타에서는 성비에 따라 여성의 지위가 확연히 차이가 있었다. 여성이 남성보다 상대적으로 적은 아테네의 사회법은 모든 여성을 나이와 무관하게 아동으로 분류하여 남성의 법적 소유물로 두었다. 여기에 대해 스타크는 이러한 남성과 여성의 성비가 나라마다 차이가 많았던 것은 영아 살해가 존재여부에서 해답을 찾았다. 여성을 멸시하던 문화가 이어져 여성의 출산 때에 여아나 장애 아동의 살해가 있었다는 것이다.
하지만 그에 반해 스파르타는 여성의 비율이 남성보다 월등히 많았으며, 고대 사회에서 전례가 없는 지위와 권력을 향유했다. 재산의 소유권과 통제권을 가지고 있을 만큼 남성과 여성이 동등하였다. Stark, *The Rise of Christianity*, 115-117. 그로 인해 남성과 여성의 비율이 현격한 차이를 보이는 로마는 법으로 12세 소녀의 결혼을 규정할 정도였다. Stark, *The Rise of Christianity*, 106. 사회적으로는 여성의 비율이 낮아 가정과 국가에서 억압과 무시를 당하나, 교회 공동체 적으로는 여성의 비율이 높아지며, 지위가 사회적 환경보다 높아지고, 복음 앞에 동등한 것에 매력을 느낀 여성들이 교회로 몰려 온 것으로 본다. 결과적으로 교회 내에 여성의 성비가 많아졌으며, 지위는 남성이 무시하지 못할 만큼 높아졌고, 여성으로 인해 교회는 더욱 성장하였다. Keener, *Paul*, 70-71. 그러한 이유로 고린도교회의 여성들에게 바울이 "잠잠하라"고 권면하는 부분들이 어쩌면 교회 안의 여성들 지위가 남성보다 높아지면서 생긴 현상의 한 부분일 수 있다.

않은 것이다. 그것은 국적이나 인종을 넘어선 것으로 당시의 사회정서로 본다면 큰 사회적 반향이다.[47] 바울은 여성들의 교회 내에서 지위를 차별하지 않았을 뿐만 아니라 교회 공동체의 리더를 세우는 과정에서도 차별을 두지 않았다.

우리는 바울의 다문화적 개념이 이방인과 유대인 즉 국적과 인종에만 적용된 것이 아니라 여성과 남성 또한 차별 없이 대우하는 연속성이 존재했음을 간과해서는 안 된다.

사회적으로 남녀의 차별이 당연시되고 이방인과 유대인의 구분이 강했던 그 당시 시대에 바울이 교회 안에서 보인 모습은 다문화 교회의 바른 의미를 나타내는 것으로 평가할 수 있다.

3. 대표 여성 동역자

앞에서 확인한 바와 같이 바울은 안디옥교회 사역 이후 다문화적인 관점을 가지고 있었으며 그 범위는 인종과 신분뿐만 아니라 성별을 구별하지 않았다는 점에 이른다.

---

[47] 사도행전 16:1에 나오는 디모데의 어머니에게 복음을 전했다는 사실을 통해서도 알 수 있다. 디모데의 어머니를 통해 알 수 있는 한 가지는, 여성과 남성의 성비 차이로 이방 남성과 유대인 여성이 결혼하는 경우가 종종 있었다. 이러한 현상은 부자연스러운 일이 아닌 성비의 차이로 생긴 흔한 일이며, 사도행전 16:3에 유대인 어머니와 헬라인 아버지에게서 태어난 디모데를 통해서 이러한 부분이 당시에 있을 수 있는 흔한 일임을 말해 준다. 기독교에 매력을 느낀 여성의 제1차 개종 후 남성의 제2차 개종이 잦았으며, 그로인한 교회의 성장도 존재 했었다. Stark, *The Rise of Christianity*, 111-115.

그렇다면 우리는 더욱 구체적으로 어떤 근거에서 이런 내용을 확인할 수 있을까?
바울은 어느 정도의 여성 사역자들을 세웠을까?
또한, 어느 정도의 여성사역자들과 함께 사역했을까?

본 단락에서는 그 근거를 찾기 위해 바울이 함께했던 대표적인 여성 동역자들에 대하여 살펴보고자 한다.

1) 뵈뵈

바울은 로마서를 기록하며 그 마지막 장을 인사와 안부에 할애를 한다. 바울은 최소 26명에게 인사를 하고 그중 24명의 이름을 언급한다.[48]
그리고 영광송을 끝으로 기록을 마친다. 그런데 로마서 16:1-2에서 바울은 안부와 인사가 아닌 추천서에 가까운 말과 함께 뵈뵈를 언급하고 있다. 뵈뵈를 '겐그레아'에 있는 교회의 일꾼으로 바울은 소개하고 있다.

겐그레아 고대 '켄크레아이'(Kenchreai)라고 불렸던 여섯 개의 장소나 도시 중 고린도의 두 항구 가운데 하나이며 고린도에서 동남쪽으로 7킬로미터 떨어진 사로닉 만에 있는 아시아와의 교역에 중요한 요충지이기도 한 곳이다.[49]

---

[48] 피츠마이어, 『로마서』, 김병모 역 (서울: 기독교문서선교회, 2015), 1207.
[49] '켄크레아이'로 추정되는 6개의 도시에 대하여 다음을 참조. 피츠마이어, 『로마서』, 1208.

위에서 설명한 겐그레아교회의 뵈뵈를 '일꾼'으로 표현하지만 아마도 당시에 '목회자'였을 것으로 보인다.[50]

뵈뵈는 신약 다른 어떠한 곳에서도 언급되지 않은 인물로 바울이 로마서 16:1에 처음으로 언급하고 있으며, 뵈뵈에 대하여 추천하는 글로 보아 그녀는 로마서의 전달자임이 분명해 보인다. 바울은 로마서를 고린도에서 기록하고 로마교회에 전달할 중요한 직책을 가진 여성인 뵈뵈에게 맡긴 것은 상당히 놀라운 일이다.

무(Moo)는 공공 시설이 별로 없던 고대 시대에 편지의 전달에 있어 추천서를 쓰는 것은 고대에 흔한 일로 본다.[51]

그러나 피츠마이어는 뵈뵈의 추천서 부분에 대해 무와 다소 다른 견해를 제시하는데, 당시 추천서는 흔할 수 있으나 바울이 사용한 "추천하노니"에서 사용된 헬라어 쉬니스테미 데 휘민(συνίστημι δέ ὑμνέω)은 다른 사람들에게 친구를 소개하는 전문적인 서신 표현으로 고대 헬라어 소개서들에서는 흔하게 볼 수 없는 것이라고 주장한다.[52]

그리고 편지의 전달에 있어 안전도 중요하지만, 편지 내용의 변질과 수신자들이 읽은 후 의문점들에 대해 질문이 있으면 대답을 해줄 수 있을 만큼 기록자와 친밀해야 한다는 것이다.[53]

---

50 바울은 로마서에서 처음으로 교회라는 표현인 에클레시아(ekklesia)라는 단어를 사용한다. 에클레시아라고 표현된 교회는 지역적으로 조직된 교회로 보이며, 아마도 한 집에 모일 수 있는 가정 교회의 형태로 이해해야 한다. 윤소정, "초대교회의 목회자 뵈뵈에 대한 여성신학적 고찰", 「한국기독교신학논총」, 제67권 제1호(2010), 110.
51 무, 『로마서』, 손주철 역 (서울: 도서출판 솔로몬, 2015), 1219.
52 피츠마이어, 『로마서』, 1212.
53 Keener, *Paul*, 238.

이 점을 고려한다면, 바울이 여성이며 이방인 출신의 교회 리더인 뵈뵈를 추천하며 편지의 전달자로 세운 것은 아주 혁신적이고 놀라운 부분이라 할 수 있다.

무는 뵈뵈를 그저 평범한 신자가 아닌 것으로 본다. 하지만 그녀가 사회적 신분이 높고 재력이 있어 바울을 후원하는 정도의 관계로 교회의 지도자인 책임 있는 위치에 있는 자는 아닐 것으로 판단한다.[54]

무는 바울이 뵈뵈에게 '일꾼'이라고 호칭한 헬라어 '디아코노스'(Diakonos)의 의미를 모든 그리스도인에게 해당하는 '섬기는 자'로 부를 수 있다고 해석을 한다.[55]

그러나 수잔 하이네(Susanne Heine)는 '디아코노스'에 대한 무의 해석과 다른 새로운 시각으로 접근한다. 하이네는 로마서 16:1에 나타나는 '디아코노스'라는 단어는 교회의 명칭인 '에클레시아'와 함께 연관지어 강조가 많이 되는데 교회의 일꾼 뵈뵈를 남성형인 '디아코노스'로 표현하는 것에 주목한다.[56]

만약 뵈뵈가 헌신의 정도가 평범하지 않고 비중이 있는 정도라고 하더라도 '섬기는 자'인 여성형 '디아코니세'(Diakonisse)로 구분하여 표현하는 것이 좀 더 일반적인 해석이라는 것이 하이네의 날카로운 지적이다. 뵈뵈가 낮은 직위의 일꾼이었다면 의도적으로 더욱 여성형으로 표현하는 것이 문법적으로도 어울리며 직위를 정확히 표기해야 편지의 수신자가 오해하지 않을 것이다.

---

54 무, 『로마서』, 1223.
55 무, 『로마서』, 1220.
56 수잔 하이네, 『초기기독교 세계의 여성들』, 정미현 역 (서울: 이화여자대학교 출판부, 1998), 144.

그러나 바울이 신중을 다해 기록한 편지를 로마로 보내는 전달자의 역할을 하는 이방 여성인 뵈뵈를 택하고 추천하는 부분에서 남성형인 '디아코노스'라고 표현한 것은 그 직위가 결코, 낮지 않음을 알리려는 숨은 의도가 있음을 볼 수 있다. 키너도 일꾼이라는 표현이 사용된 것으로 보아 뵈뵈가 헌신적으로 중요한 역할을 감당했던 것은 당연한 것으로 인정한다.[57]

B. H. 스트리터(B. H. streeter)는 다음과 같이 주장한다.

> 뵈뵈가 기쁜 소식을 전하도록 세워진 일꾼인 것은 명백하지만, 번역자들이 왜 '디아코노스'를 여성들에게는 일꾼으로, 남성들에게는 목사로 번역하는지 모르겠다.[58]

피츠마이어 또한 바울이 뵈뵈에 대한 칭호를 프로스타티스 (προστάτις)를 사용한 것으로 보아 저명한 여인으로 공식 석상에서 섬김을 받을 수 있는 직위로 교회의 공식적인 지도자로 보아야 한다고 주장한다.[59]

---

57 고대 교회의 여성에 대한 집사 직분에 대하여 다음을 참조. D. C. Aichea, *Who Was Phobe Translating Diakonos in Romans 16:1*, BT 39 (1988), 401-409.
58 B. H. Streeter, *Woman and the Church* (London: F. Fisher Unwin, 1917), 63.
59 피츠마이어, 『로마서』, 1213. 물론 바울이 뵈뵈를 자신의 보호자라고 서슴없이 표현하는 것으로 보아 법적인 변호자 또는 후원자로 해석하는 것이 가능하다. Keener, *Paul*, 239. 바울은 여인들을 지칭할 때 "주 안에서"라는 단어를 사용하며, 남성들과 동일하게 권위를 세우는 모습이 보인다. 여인에게 남성 못지않은 동역자의 권위로 대우하는 것은 여인들이 교회 공동체 안에서 실제 영향력을 행사하기에 가능하다. M. R. D'Angelo, *Women Partners in the New Testament*, JFSR 6 (1990), 65-73.

이렇듯 많은 학자의 주장에 공통된 점이 있는데, 바울이 이방 여성인 뵈뵈에 대해 파격적인 예우를 했다는 것과 교회의 중요한 지도자로 대우했다는 것이다.

무엇보다 중요한 것은 바울이 자신의 중요한 서신의 전달자로 뵈뵈라는 여성을 사용했다는 점이고 그것은 남녀를 구분 없이 동등하게 대우함으로 능력에 맞는 적임자를 세우고 동역하는 바울의 다문화적 사상을 확인할 수 있다는 점이다.

2) 브리스길라[60]

로마교회 출신으로 바울과 함께 사역한 브리스길라는 아굴라의 부인이다. 이들은 로마교회 출신으로 클라우디오 황제의 칙령 당시 로마에서 추방되어 고린도로 오게 되었고 그곳에서 바울을 만나 함께 텐트 만드는 업으로 생계를 유지했고 사역도 했다.[61]

누가에 의하면 바울이 브리스길라와 아굴라 부부를 처음 만난 곳은 고린도이고 이후 그 부부는 바울이 자리를 비운 에베소에서 지도자로 사역을 했다. 같은 기술을 가지고 협업을 한 동역자인 브리스길라와 아굴라 부부와 바울은 아주 친밀했던 것으로 보인다.[62]

---

60 브루스, 『로마서』, 283. 바울은 "브리스가"(고전 16:19, 딤후 4:19)로 불렀고 누가는 더 친숙한 이름인 "브리스길라"(행 18:2, 18, 26)로 불렀다. 연구자는 사도행전에 나온 브리스길라로 표기한다.
61 브리스길라와 아굴라 부부가 로마교회 출신이라는 것은 누가의 기록과 바울의 기록이 동일하다. Bruce, *Acts*, 345-348. 홍인규, 『로마서 어떻게 읽을 것인가』 (서울: 성서유니온, 2008,), 264.
62 에버렛 F. 해리슨, 『사도 교회의 역사와 성장』, 391. 아마도 바울의 로마교회에 대한 관심이 브리스길라와 아굴라 부부를 만난 후 시작된 것으로 추측할 수 있다.

이들 부부의 이름을 기록할 때 누가의 기록과 바울의 기록이 동일하게 브리스길라의 이름이 남편 아굴라보다 먼저 거명되는 것에 주목할 필요가 있다.[63] 그것은 아내가 사회적으로 남편보다 지위가 높거나 혹은 지위에 관심이 전혀 없거나 하지 않는 이상은 여성의 이름이 남편보다 먼저 거명되는 일이 없기 때문이다.[64]

이것은 분명 누가와 바울에게 큰 의미가 있는 표현일 터인데, 여성이 남편과 같은 신분이라는 것보다 더 중요한 것은 이 두 저자가 그 사실을 인정하였다는 것에서 그렇다.[65]

바울이 교회 안에서 누구나 리더가 될 수 있다는 것을 보여 주는 중요한 기록을 했다고 간주할 수 있는 대목이다. 아내인 브리스길라는 남편인 아굴라보다 더 뛰어나고 여러 면에서 자질이 충분했을 뿐만 아니라 지도력이 탁월했을 것으로 보인다.

이들 부부가 성경에 능통한 아볼로를 가르치는 선생이었다는 점에 주목해야 한다. 브리스길라가 바울에게 인정받았을 뿐만 아니라 아볼로의 스승으로 인정받았다는 것을 증명해 주는 것이다.

또 다른 가능성 있는 의견은 아내인 브리스길라가 남편인 아굴라보다 사회적 지위가 높았다고 보는 것이다. 브루스는 만약 브리스길라가 사회적 지위가 높다면 '젠스 브리스가'(gens Prisca)의 로마 귀족 로마 가문과 연결되었을 것으로 제안한다.[66]

---

63 Keener, *Paul,* 240. 누가의 기록인 사도행전 18:18과 바울의 기록인 로마서 16:3을 말한다.
64 M. B. Flory, *Where Women Precede Men: Factors Influencing the Order of Names in Roman Epitaphs,* CJ 79 (1984), 216-224.
65 Keener, *Paul,* 240.
66 Keener, *Paul,* 241.

단지 여성이 남성의 보조자로 보는 시각은 이 부부에게 어울리지 않는다. 바울이 남편보다 더 많은 리더십을 발휘하고 있는 브리스길라를 왜 통제하지 않았는지 생각해 본다. 남성과 여성 사이에 존재하는 것은 성의 차이일 뿐 조직의 상하 관계가 아니며 교회 안에서 영향력을 발휘하는 부분에 남녀의 차별이 없음을 보여 주는 모델이다.[67]

이 부분을 통해 탐색할 수 있는 것은 바울이 여성들에게 "잠잠하라"와 "남성을 주관하지 못한다"라는 발언이 모든 여성과 모든 공동체에 적용하려고 한 것이 아니라는 부분이다.

즉, 성별의 차이가 상호 관계에 대한 것이지 권위를 이야기하는 것이 아님을 브리스길라와 아굴라 부부로 증명이 된다. 남녀는 출신과 계층으로 상하 관계를 이루는 구조가 아니라는 것이 바울의 사역에서 나타나기에 당시 여성들의 능동적 참여가 확대되었다.

3) 유니아

사도로 호칭 되는 유니아는 여성으로 로마서 16:7에 단 한 번 거명되는 인물이다. 안드로니고와 유니아에 관하여 "사도들에게 유명히 여김을 받고"(롬 16:7)라고 말하는 것을 보아 유대인으로 볼 수 있다.

본문에서 사도였다고 밝혀 유니아를 여성으로 보는 것에 의문을 가지기도 하지만 당시에 유니아라는 이름은 흔히 사용된 일반적인 여성 이름이라는 점에서 남성으로 추정하기 어렵다.

---

[67] 성별의 차이는 권위에 대한 관계가 아닌 상호 관계이다. 오히려 출신과 계층으로 상하구조를 이루는 시스템이 아님을 브리스길라와 아굴라 부부의 기록을 통해 증명된다. Keener, *Paul*, 240.

그런데도 학자들 사이에서 여전히 성별에 대한 논란이 있다.[68] 로마서 16:7에 의하면 아마도 유니아는 안드로니고와 부부였을 것으로 추측이 된다. 그리고 함께 사도의 역할을 한 것으로 보인다. 만일 유니아가 여성사도라면 바울이 여자들에게 "교회에서 잠잠해야 한다"고 이야기한 것은 스스로 자기모순에 해당하는 말이 될 것이다.

유니아에 대한 논쟁은 여성이 사도로 불리게 된 것에서 시작된다. 볼랜드(James A. Borland)와 블럼(G. C. Blum)은 남자 중에서만 사도가 가능하며 여자들은 사도로 들어올 수 없었다고 주장한다. 그리고 12사도 외에 사도라고 불릴 수 없다고 강력하게 주장한다.[69]

그에 대해 스펜서(Aida B. Spencer)는 12사도가 남자이고 유대인이어야 한다면 모든 목사와 장로도 유대인만 가능해야 한다는 식으로 반론을 제기한다.

그리고 예수님께서 당대 유대 사회의 전통과 관습을 역행한 행동과 발언을 주목해야 한다고 반박한다.[70] 정훈택은 바울이 로마서 16:7에서 말한 사도의 의미가 아마도 12사도와 같은 의미의 사도가 아닌 넓은 의미로 이해할 필요성이 있다고 강조한다.[71]

---

[68] 유니아의 성별 논란에 대해 다음을 참조. Ray R. Schultz, *Romans 16:7: Junia or Junias?*, *ExpTim* 98 (1987), 109. Frederick F. Bruce, *The Letter of Paul to the Romans* (Grand Rapids: Eerdmans, 1990), 256-259. John Trorly, *Junia, a Woman Apostle*, *NovT* 38 (1996), 18-29.

[69] G. G. Blum, *The Office of Woman in the New Testament*, Churchman 8 (1971), 175. James A. Borland, *Woman in the Life and Teaching of Jesus*, in Recovering Biblical Manhood & Womanhood: A Response to Evangelical Feminism edit. John Piper & Wayne Grudem (Wheaton: Crossway Books, 1991), 113-123.

[70] Aida B. Spencer, *Women in the Church: A Biblical Study of the Role of Women in the Church*, TrinJ 8 (1987), 100.

[71] 정훈택, "바울의 여성관", 「기독교교육연구」 Vol.2 No.1 (1991), 60-61.

넓은 의미로 본다면 당연히 그들은 보내어진 교회의 지도자들인 사도라고 보아야 한다는 강조이다.[72] 그리고 우리가 여성의 교권을 제한하기 위하여 성경에 기록된 의미를 축소해버리는 것은 아닌지 고민해 보아야 한다고 정훈택은 주장한다.[73]

이렇게 다소 논란은 있지만, 우리가 주목할 것은 바울은 여성인 유니아를 아무런 제약 없이 사도라고 호칭하고 있다는 사실이다. 이것은 로마서 16:7에 유니아를 지칭하며 존중이라는 단어를 사용하는 것에서 바울은 유니아를 이미 사도로 대우하고 있다는 것을 알 수 있기 때문이다.

바울이 여성인 유니아에게 사도로 대우한 이유는 그녀가 가진 존중받을 받을 만한 리더의 자질 때문이었을 것으로 추정할 수 있다. 여기서 우리가 다시 내릴 수 있는 결론은 바울이 여성에 대하여, 그리고 여성을 사도로까지 칭할 수 있었던 것은 다름 아닌 안디옥교회에서 그의 다문화적인 경험이었을 것이다.

계층과 신분에 관계없이 지도자가 될 수 있었던 안디옥교회 공동체처럼, 여성이 사도로 대우받는 것이 바울에게는 당연하였을 것이다.

4) 루디아

바울은 전도의 대상에도 성별에 대한 차등을 두지 않았는데, 앞서 소개한 뵈뵈와 브리스길라, 유니아와 같은 사역자들처럼 바울은 전도

---

[72] 정훈택, "바울의 여성관", 62.
[73] 정훈택, "바울의 여성관", 63.

의 대상을 찾을 때도 차별을 하지 않았다. 빌립보교회의 설립에 있어 초기에는 바울이 회당을 찾는 모습에서 시작이 된다(행 16:12-15). 우리는 회당을 찾던 바울이 강 주변으로 모인 유대인들을 향해 전도하는 장면에 주목할 필요가 있다.[74]

바울이 회당을 찾았으나 찾지 못하고 강 주변에 모인 유대인의 무리에게 간 것으로 보아 아마 빌립보에는 유대인의 규모가 작아 회당이 없었을 것으로 추정할 수 있고 기도처에 모일 정도의 인원이 모인 것으로 추측이 된다.

그곳을 방문한 바울은 여러 사람이 참석한 모임에서 자연스럽게 복음을 전하였고 이야기를 듣던 자들 가운데 호기심을 보인 사람들이 있었을 것이다. 그때 바울이 접촉한 사람이 같은 유대 남자가 아닌 유대교에 입교한 이방 여인으로 추정되는 루디아였다. 마침내 루디아는 바울에게 최초의 유럽교회가 되는 자신의 집을 내어 주게 된다.

존슨(Johnson)은 이 에피소드에서 루디아에 주목한다. 유대인의 기도 모임에서, 그것도 이방인 여성으로서 적극적인 자세로 바울을 집으로 초대하기까지 한 루디아 모습에서 그녀의 리더십을 찾는다. 또한, 호튼(Horton)은 루디아를 대단한 여성으로 보고 있다.

---

[74] 회당의 존재는 확인할 수 없으며, 아마도 존재하지 않은 것으로 충분히 추측해 볼 수 있다. 그것은 회당의 구성 요건이 성인 남성 10인 이상이 채워져야 하는데 이곳에 여성들이 함께 있는 것으로 보아 회당의 존재 근거로 보기가 어렵다. 기도 전 의식의 결례를 준비할 수 있도록 강가 또는 바닷가에 자리를 잡는 경우가 있었기에 아마도 회당보다는 기도처의 역할로 보는 것이 좀 더 안정적인 해석일 것이다. 유상현, "빌립보의 바울과 루디아", 「신학논단」 Vol.31 (2003), 30-31.

강가의 작은 기도처라면 여성이 몇 명이든 관계없이 남성의 숫자가 10명이 안 되는 작은 모임이었을 것이다. 그곳에서 남성들보다 더 적극적인 관심과 함께 가족의 회심을 이끌 수 있는 영향력을 가진 여성이라면 근본적으로 대단한 여성이라는 것을 알 수 있다고 호튼은 언급한다.[75] 던은 루디아를 높은 사회적 지위를 가진 여성 가운데 바울이 알고 있는 첫 번째 인물로 언급하고 있다.

루디아가 자주색 옷감이라는 사치품을 취급하는 것은 신분적으로 높은 사람들을 만나야 하는 직업이라는 것에 주목하며 유대인이 적은 빌립보에서 옷감 장사를 하는 부호였다고 추측한다.[76] 그러나 라이머(Reimer)는 던의 추측과 반대로 자주색 옷감 장사라는 직업이 경제적으로 부유하다는 것은 오해라고 주장한다.[77]

즉, 라이머는 루디아가 부유한 여성이라는 주장이 근거가 부족하다는 것이다.[78] 반면 슈테게만은 사회학적인 관점으로 루디아를 평가하며 당시의 자주색 옷감 장사가 사회 구성원들 가운데 하위 계층에 속한 여성이지만 상대적으로 생활이 넉넉한 신분으로 보았다.[79]

---

[75] Stanley M. Horton, *Acts* (Springfield: Logion Press, 2017), 280-282.
[76] 던은 사치품을 취급하는 루디아의 직업 특성상 낮은 신분이라고 생각하지 않았다. 그러면서도 유대인이 거의 머무르지 않는 빌립보에 거주하는 것을 특이한 특징으로 언급한다. James D. G. Dunn, *The Acts of Apostles* (Grand Rapids: Eerdmans, 2016), 216-218. 물론 루디아가 다른 여성들과 신분적으로 다른 상황이었다고 추측한다. 그러나 자주색 옷감장사를 한다는 것만으로 사회적으로 높은 지위의 여성으로 보는 것은 무리가 있다.
[77] I. Richter Reimer, *Women in the Acts of the Apostles: A Feminist Liberation Perspective* trans. L. M. Maloney (Minneapolis: Fortress, 1995), 144.
[78] Reimer, *Women in the Acts of the Apostles*, 112.
[79] 슈테게만은 사회학적으로 하위 계층을 여러 부분으로 구분한다. 하위 계층 간에도 상당한 차이가 있으나 경제 활동을 하는 것에는 큰 제약이 없다. 슈테게만·스테그만, 『초기 그리스도교의 사회사』, 482-485.

그러나 호슬리(Horsley)는 루디아가 대단한 사업가로서 영향력을 가진 여성이라고 하더라도 이방 여성으로서 사회적 지위는 제한된 신분이라고 보았다.[80] 이방 지역에 거주하는 이방 여성인 루디아의 신분이 다른 유대인 남성들보다 높을 가능성은 상당히 낮을 것이다. 오히려 루디아는 두아디라 출신의 이방 여성으로 유대교를 따르는 독특한 여성으로 평가해야 할 것이다.[81]

하지만 루디아의 리더십을 말하기에 앞서 기억해야 할 중요한 사실은 바울이 먼저 그의 복음전파 대상으로 루디아를 눈여겨보았다는 것이다. 바울은 복음을 전하는 대상을 정함에 있어 남녀를 구분하지 않았으며 복음 앞에 모두 동등하다는 것을 보여 준 것이다.

바울은 다문화적인 공동체였던 안디옥교회에서 유대인과 이방인 그리고 신분과 남녀의 구분 없이 모두를 지도하고 가르쳤듯이 빌립보에서도 같은 모습을 보인다.

바울은 작은 기도처와 같이 소규모 모임이지만 변함없이 장소와 회중의 신분 계층을 차별하지 않았다. 그 결과 어디를 가든지 남녀를 구분하지 않고 루디아처럼 복음을 받아들이는 자들을 통해 교회를 세웠다.

루디아는 바울을 통해 온 가족과 함께 세례를 받고 빌립보교회 지도자가 되었다. 여성이라는 신분이 바울의 복음전파에 있어 거리낌의 문제가 되지 않았다.

---

[80] 리처드 A. 호슬리, 『바울과 로마 제국』, 홍성철 역 (서울: 기독교문서선교회, 2011), 341-342.
[81] 중요한 것은 빌립보 사회의 시선으로 볼 때 여성이고 이주민 신분이었던 루디아가 높은 신분을 가지기 어렸을 것이다. Johnson, *Acts*, 296-297.

바울은 이미 신분과 계층을 구분하거나 차별하지 않았다는 것을 빌립보교회를 통해서도 일관성 있게 보여 주고 있다. 복음을 적극적으로 받아들인 여성 루디아를 통해 유럽 최초의 교회가 여성 리더십으로 세워졌다는 것은 중요한 의미를 가져다 준다.

4. 결론

본 장에서 필자는 바울이 선교 과정에서 다양한 여성들과 함께 사역했다는 내용을 그의 서신과 사도행전의 여러 본문을 통해 살펴보았다. 이 문제를 다룸에 있어 바울이 유대인과 이방인에 대한 차별과 구분 없이 다문화적으로 함께 사역하고 교회 공동체를 구성한 것처럼, 여성들과의 사역에서도 같은 원리를 가지고 적용했음을 볼 수 있다.

당시에 여성들의 인권과 신분상 지위가 인정되지 않는 상황이었고 사회적 활동 역시 불가능했음을 고려할 때, 기독교에 특별히 많은 여성이 있었다는 것은 가부장적이고 성별의 차별이 심하다는 평가에도 불구하고 예전부터 기독교가 여성에게 더 매력적이었음을 추측할 수 있다.[82] 이 같은 틀을 열게 된 다양한 상황이 있었겠지만, 그 공헌에 있어 우리는 바울이 이룬 업적을 생각해야 한다.

---

[82] A.D. 370년 발렌티누스 황제가 다마누스 교황 1세에게 기독교 선교사들이 이 교도 여성의 가정에 방문하는 모든 것을 중단해 달라는 내용의 기록물이 나올 정도로 초대 교회로부터 많은 이교 여성들뿐만 아니라 대부분의 여성들에게까지 강한 영향력을 끼쳤다. Stark, *The Rise of Christianity*, 95.

앞서 본 것처럼, 그의 이러한 관점의 변화의 중요한 출발점을 안디옥교회에서의 다문화적 상황과 사역에 있음을 볼 수 있다. 이곳에서 경험한 그의 다문화적인 사역의 영향은 국적과 인종에 적용된 것이 아니라 여성과 남성을 차별 없이 대우하는 모습에서도 그렇다.

사회적으로 남녀의 차별이 당연시되고 이방인과 유대인의 구분이 강했던 그 당시 시대에, 바울이 보인 이 같은 모습은 안디옥교회의 다문화적 영향에서 비롯되었음을 확인할 수 있는 대목이다.

제 6 장

결론

1. 요약

지금까지 필자는 사도행전에 나타난 최초의 다문화 교회인 안디옥 교회의 다양한 인종, 언어, 문화, 계층, 신분과 관련된 쟁점들을 살펴보았다. 이와 관련하여, 바울의 다문화적인 사역이 가능한 이유를 찾는 것이 본서에서 제기하는 중요한 질문이었고 그 결과들이 어떻게 나타났는지를 연구하는 것이 본문의 목적이었다. 이를 위하여 필자가 연구한 결과를 요약하면 다음과 같다.

제1장에서는 초기 '기독교 공동체' 가운데 안디옥교회가 유대인과 이방인으로 구성된 다문화적인 교회였음을 살피기 위한 준비 작업을 하였다. 시리아 안디옥과 안디옥교회 공동체를 이해하기 위해 우선 사회학적 연구에 대한 배경을 파악하고 연구 방법론을 소개하였다. 사회학을 성서 해석 방법론으로 사용한 학자들을 통해 그들의 연구물들을 살펴보았고 본 논문과 어떤 관계가 있는지 비교하였다.

제2장에서는 안디옥교회의 형성과 구성원에 대해 살펴보았다. 안디옥교회 형성의 계기가 된 사건인 스데반의 순교 이후 예루살렘으로부터 도주한 유대인들의 정체를 파악하고 이동에 대해 재구성하고 교회의 구성원들을 자세히 알아보고, 안디옥교회에 대해 심층적으로 분석하였다.

시리아 안디옥의 사회적, 정치적, 인종적 상황을 조사한 후 내재되어 있는 다문화적인 요소에 대해 파악하고, 안디옥교회가 다양한 민족, 인종, 국적, 계층의 사람들로 구성된 공동체인지에 대해 알아보았다. 무엇보다 안디옥교회의 구성원 가운데 순수한 이방인이 존재하는가에 대한 논쟁에 답하기 위해 헬라인으로 표기된 사람들의 신원을 증명하고 다문화 교회의 근본적 범위와 의미를 정의하였다.

시리아 안디옥의 다문화적 환경들로 인해 각 민족의 다양한 문화들이 타문화에 의해 희석되거나 소멸하는 현상은 보이지 않았으며 오히려 여러 문화가 독립적으로 공존하여 도시 곳곳에 자리 잡고 있었다.

고유한 각각의 문화가 시리아 내에서 공존한 것처럼, 그리고 그 영향으로, 안디옥교회 공동체 내에서도 유사한 형태를 보였고 문화 차이로 인한 갈등과 충돌은 나타나지 않았음을 보았다.

제3장에서는 다문화적인 구성원으로 이루어진 안디옥교회의 초창기 주요 지도자들에 대해 살폈다. 안디옥교회의 주요 지도자들 가운데 사도행전 13:1에서 소개하는 바나바, 시므온, 루기오, 마나엔, 바울을 중심으로 출신 지역과 인종, 그들이 속한 사회적 계층에 대해 정리하였다.

각 지도자는 인종과 출신 지역에서 뚜렷한 차이가 있었다. 유대 예루살렘의 귀족 출신으로 추측되는 마나엔을 비롯하여 사도들의 긍정적인 평가를 받은 헬라파 유대인 바나바, 정통 바리새파 출신인 바울, 이방 지역 출신으로 하층민으로 추측되는 루기오 그리고 흑인 시므온까지 다양한 지도자들로 구성되었다.

그들은 출신과 배경 차이로 인한 어느 특정 민족이 기득권을 가지는 모습을 보이지 않았다. 안디옥교회 안에서 출신과 배경의 다양성에 대해 제약과 차별이 없었다는 것이 주요 지도자들의 프로필을 통해 확인된다.

제4장에서는 안디옥교회의 다문화성뿐만 아니라 바울과 함께 사역한 남성 동역자들을 통해서 바울의 안디옥에서의 다문화적 사역의 결과를 연구하였다. 여기서 정통 바리새파였던 바울이 다문화적인 구성원으로 형성된 안디옥교회에서 다양한 출신의 지도자들과 함께 사역한 이후 바울이 함께 동역한 다문화적 성향을 지닌 사역자들에 대한 심층적으로 분석하였다.

바울이 안디옥교회에서 파송 받은 이후 함께 동역한 사역자들의 출신과 인종이 다양한 배경을 가진다는 점은 분명하다. 바울은 이방인들을 비롯하여 다문화 가정 출신으로 설명되는 디모데까지도 포용하여 함께 사역하는 자리의 범위를 협소하게 만들지 않았으며 누구든지 손을 내밀어 함께 사역했다.

그로 인해 바울은 대부분 이방인 또는 다문화 가정 출신이 교회의 지도자로 세워지는 것에 거리낌이 없었다. 그리스도인들이 속한 교회는 유대인과 이방인을 구분 짓지 않고 동등한 관계라는 것이 바울의 동역자들을 통해 입증되었다.

당시 바울이 활동한 지역들을 중심으로 살펴볼 때 사회 전체적으로 각 집단 대부분이 다문화적인 요소들이 포함되어 있으나, 유대인 집단에서만큼은 다른 문화를 배제하고 유대교적인 문화를 중심으로 형성하려고 하였다. 하지만 바울은 유대교적인 문화를 우선시하는 것을 탈피하여 인종과 계층, 민족을 넘어 회심한 그리스도인 중심 공동체와 지도자들로 재편하였다.

제5장에서는 바울이 남성 동역자뿐만 아니라 여성까지도 사역자로 세우고 동역하였다는 것을 살펴보았다. 바울은 자신의 동역자들 가운데 상당수의 여성을 세워 함께 사역하는 모습을 보였고 더 나아가 그들을 동료로서 존중하였다. 바울은 여성의 지위가 인정되지 않던 시대적 상황에서도 성적 차별을 하지 않았던 것은 기독교 선교 과정에 특별히 많은 여성이 있었다는 것에서 알 수 있다.

여성 사역자들과 동역하면서 바울에게 끼친 가장 큰 영향은 안디옥교회에서의 다문화적인 사역 경험이었을 것과 무관하지 않다. 당시 시대적인 상황에서 보기 힘든 안디옥교회의 다문화적인 여러 경험은 여성 사역자에 대한 바울의 시각에도 변화를 가져다주었다.

2. 연구의 의의

본서의 연구 결과는 다음과 같은 세 가지 의의가 있다.

첫째, 안디옥교회의 형성 과정과 구성원을 사회학적으로 접근하여 연구했다는 점이다. 우선 사회학적인 접근으로 안디옥교회와 시리아 안디옥의 사회-문화 상황을 분석함으로 다문화적 요소를 지녔음에도 불구하고 구분과 차별이 낮았던 점을 알아보았다.

그 결과, 초창기 안디옥교회는 유대인과 이방인의 갈등이 상대적으로 아주 낮은 구조였음을 발견하였고, 다문화 교회의 중요 과제인 공존에 대한 관점이 확보되는 무대였다.

주요 지도자 5인에 대한 심층 연구는 다양한 민족, 인종, 문화, 계층, 신분적 배경을 가진 자들이 초기 그리스도 교회의 지도자들이 될 수 있음으로, 유대인과 이방인, 흑인, 낮은 계층과 귀족이 동등한 지도자의 역할을 할 수 있었다는 사실을 이슈화하는 작업의 시초를 놓는 성과를 얻었다는 점에서 그 의의가 있다.

둘째, 안디옥교회의 다문화적 특색이 바울과 같은 초기 기독교 선교의 아주 중요한 인물에게 영향을 끼쳤다는 점이다. 바꿔 말하면, 안디옥교회에서 사역한 바울은 이후 그레코-로마의 다양한 문화적 상황에서 더욱 효과적으로 사역할 수 있었던 기회를 받을 수 있었다는 의미이다.

바울은 안디옥교회에서 파송 받은 후 모든 사역 가운데 다문화적인 관점을 가지고 실천한 것으로 보인다. 그로 인해 바울은 유대인과 이방인, 주인과 종, 남성과 여성을 차별하지 않고 동등한 관계로 대할 수 있었다는 결론이다.

본서에서 특별히 바울의 다문화적인 성향을 지닌 동역자들을 살핌으로 그 증거를 제시했다. 사실, 남성 사역자로서 디모데나 디도와 같이 그리고 여성 사역자로서 뵈뵈나 루디아와 같이 바울의 다양한 동역자를 논할 때, 그들이 그저 바울과 함께했다는 식의 보편적인 시각을 넘어 그들에게 '다문화적인 색채'를 입혀 분석한 연구는 드물다. 본서는 바로 이 성과에 상당 부분 성취했다는 데 그 의의가 있을 수 있다.

셋째, 필자는 다문화 교회의 모델을 찾아 분석하고 제시하는 성서신학적 연구물이 거의 없음을 발견하고 안디옥교회가 다문화 교회를 위한 좋은 모델이 될 수 있다는 가능성을 찾았다. 대부분 학자는 안디옥교회가 다민족 교회라는 사실을 다소 간과한 채 안디옥교회의 다문화적인 구조에 관한 연구보다 주로 바울의 선교적인 사건에 더 관심을 가져 왔다.

그러나 본서는 다문화 교회의 가장 적절한 성경적 모델로 안디옥교회를 선정하여 그 가능성이 있는지 깊이 연구하였다. 달리 말하면 다문화 교회의 모델을 제시하는 독특한 연구라 할 수 있으며 다문화적인 구조와 사역 상황의 정보를 제공하는 이 분야의 초기 연구라는 의의가 있다.

따라서 이 연구는 차후 사도행전에 나타나는 빌립보교회와 고린도교회와 같은 여러 초대 교회의 다문화성을 연구할 수 있는 기반을 제공할 수 있다.

본서를 통해 안디옥교회에서 보인 다문화적 요소들이 초기 이방 지역에 형성된 교회들 가운데 충분히 내포되어 있을 가능성을 짐작할 수 있다.

사도행전에 등장하는 여러 지역의 초대 교회를 다문화적 해석이라는 새로운 관점으로 조명한다면 다양함이 공존하는 오늘날 상황들에 성경적인 대답을 줄 수 있을 것이다.

또한, 한국 사회에서 명확하게 볼 수 있듯이 모든 사회가 다문화적인 특징을 가지고 있고 그 사회 속에 존재하는 교회 역시 이 문화적인 현상을 피할 수 없다면 본서가 갖는 함의는 크다 할 수 있다.

참고 문헌

김경진. "상황과 이상의 조화: 신약에 나타난 억제된 여성 인권에 대한 변론". 「성경과 신학」 제59권 (2011), 74.
김세윤. 『바울 신학과 새 관점』. 서울: 두란노서원, 2014.
노성호·구정화·김상화. 『사회과학 연구 방법론』. 서울: 박영사, 2018.
노재관. "사도행전에 나타난 예수살렘교회의 갈등에 관한 연구". 「칼빈논단」 Vol.27 (2008), 159.
박인수. 『바울의 서신들과 신학Ⅲ』. 서울: 대한기독교서회, 2014.
박종기. 『디모데전·후서 디도서』. 서울: 한국장로교 출판사, 2017.
서중석. 『바울 서신 해석』. 서울: 대한기독교서회, 1998.
송혜경. 『영지주의-그 민낯과의 만남』. 의정부: 한님성서연구소, 2014.
오경준. "베드로와 야고보의 갈등과 안디옥 사건". (연세대학교 대학원 박사 학위 논문, 2015).
유상현. 『바울의 제2차 선교 여행』. 서울: 대한기독교서회, 2008.
_____. 『사도행전 연구』. 서울: 대한기독교서회, 2012.
_____. "빌립보의 바울과 루디아". 「신학논단」 Vol.31 (2003), 30-31.
윤소정. "초대 교회의 목회자 뵈뵈에 대한 여성신학적 고찰". 「한국기독교신학논총」 제67권 제1호(2010), 110.
윤철원. 『신약성서의 문화적 읽기』. 용인: 킹덤북스, 2013.
이광호. "여자 목사 제도는 성경적인가: 김세윤 교수의 주장을 우려하며". 「진리와 학문의 세계」. 제11권 (2004), 12-13.

이상호. "헬라적 기독교의 기원과 사도행전". 「신학논단」 Vol.7 (1962), 87.
이성찬. "누가의 성령론적 윤리". (장로회신학대학교 대학원 박사 학위 논문, 2011).
이승구. "교회에서의 여성 사역의 문제에 대한 한 고찰: 디모데전서 2:9-15에 대한 성경신학적 논의". 「교회와 문화」 제28권 (2012), 53-94.
_____. 『기독교 세계관이란 무엇인가?』. 서울: SFC, 2003.
이승호. 『바울의 선교와 신학』. 서울: 대한기독교서회, 2009.
장훈태. "순례자적 지도자로서 바나바의 선교 사역 연구". 「진리논단」 No.13 (2006), 840-845.
정성미. 『성서 배경사』. 서울: 도서출판 대서, 2015.
정창교. "사도행전에서의 하나님 중심적 신학". 「신약논단」 (2016), 372.
정훈택. "바울의 여성관". 「기독교교육연구」 Vol.2 No.1 (1991), 60-63.
최갑종. "한국기독교와 사회에서의 여성의 인권 신장을 위한 초기 기독교와 고대 헬라-로마-유대 사회에서의 여성의 역할과 위치에 관한 연구-바울 서신의 가르침을 중심으로". 『한국복음주의신학회논문집』 제38권 (2005. 10), 421-501.
최영숙. "바울이 말하는 고린도교회 여성들". 「신약논단」 제22권 제3호 가을 (2015), 750-752.
최영실. 『성서와 여성』. 성남: 민들레책방, 2004.
최종상. 『The Historical Paul in Acts: 사도행전과 역사적 바울 연구』 이용중 역. 서울: 새물결플러스, 2020.
최종호. "여성들의 목회 참여를 위한 성경적-신학적 고찰: 여성 목사 안수 문제에 대하여". 「인문학 논총」 제15집 (1) (2010), 175-193.
홍인규. 『로마서 어떻게 읽을 것인가』. 서울: 성서유니온, 2008.
Aichea D. C. *Who Was Phobe Translating Diakonos in Romans 16:1*. BT 39 (1988), 401-409.

Arndt, William F. 『신약의 역사』, 지원상 역. 서울: 컨콜디아사, 1994.

Bailey, Kenneth E. *Paul Through Mediterranean Eyes*. Downers Grove, 2011.

Banks, Robert. *Paul's Idea of Community*. Grand Rapids: Baker Academic, 1994.

_____. 『바울의 공동체 사상』. 서울: 한국기독학생출판부, 2017.

Barrett, C. K. *The Acts of the Apostles*. Edinburgh: T&T Clark, 2002.

Beale, Gregory K. 『성전신학』, 강성열 역. 서울: 새물결플러스, 2014.

Bell, Jr., Albert A. 『신약 시대의 사회와 문화』, 오광만 역. 서울: 생명의 말씀사, 2016.

Bieder, Werner. *Die Apostelgeschichte in der Historie*. Zurich: EVZ-Verlag, 1960.

Black, C. C. *Mark: Image of an Apostolic Interpretation*. Columbia: Univ. of s. Carolina Press, 1994.

Blevins, James L. *Introduction to Philippians*. RevExp 77 (1980), 311-323.

Blomberg, Craig. *1 Corinthians*. Grand Rapids: Zondervan, 1994.

Blum, G. G. *The Office of Woman in the New Testament*. Churchman 85 (1971), 175.

Bock, Darrell L. *Acts*. Grand Rapids: Baker Academic, 2007.

_____. 『누가복음1』, 신지철 역. 서울: 부흥과개혁사, 2013.

_____. 『누가신학』, 강대훈 역. 서울: 부흥과개혁사, 2016.

Borland, James A. *Woman in the Life and Teaching of Jesus*. in Recovering Biblical Manhood & Womanhood: A Response to Evangelical Feminism. edit. John Piper & Wayne Grudem. Wheaton: Crossway Books, 1991.

Bowman, Ann L. *Women in Ministrry: An Exegetical study of 1 Timothy 2:11-15*. BSac 149 (1992), 203-204.

Bruce, Frederick F. *Acts: The international Commentary on the New Testament*. Grand Rapids: Eerdmans, 2014.

_____. *Commentary on the Book of the Act*. Grand Rapids: Eerdmans, 1977.

_____. *The Letter of Paul to the Romans*. Grand Rapids: Eerdmans, 1990.

_____. 『WBC: 데살로니가전후서』, 김철 역. 서울: 솔로몬, 2006.

_____. 『로마서』, 권성수 역. 서울: 기독교문서선교회, 2007.

_____. 『바울』, 박문재 역. 서울: 크리스챤다이제스트, 2010.

_____. 『사도행전』, 김장복 역. 서울: 부흥과개혁사, 2017

_____. 『사도행전: 상』, 이용복·장동민 역. 서울: 아가페출판사, 2014.

_____. 『사도행전: 하』, 김재영·장동민 역. 서울: 아가페북스, 2014.

_____. 『신약사』, 나용화 역. 서울: 기독교문서선교회, 1986.

_____. 『초대 교회 역사』, 서영일 역. 서울: 기독교문서선교회, 2011.

Burge, Gary. 『예수와 땅의신학』, 이선숙 역. 서울: 새물결플러스, 2020.

Burkitt, Francis C. *Christian Beginnings*. London: University of London Press, 1924.

Case, Shirley J. *The Evolution of Early Christianity*. Chicago: Universitry of Chicago Press, 1914.

Carson, Herbert M. 『골로새서·빌레몬서』, 양용의 역. 서울: 기독교문서선교회, 2008.

Carrez, M. *Le 'nous' en 2 Corinthiens*. NTS 26(1979), 474-486.

Cho, Youngmo and Park, Hyung Dae. *Acts. Part One*. Eugene: Wipf and Stock Publishers, 2019.

_____. *Acts. Part Two*. Eugene: Wipf and Stock Publishers, 2019.

Chrysostem, John. 『로마서 강해』, 송종섭 역. 서울: 지평서원, 2000.

Clowney, Edmund. 『교회』, 황영철 역. 서울: 한국기독학생회출판부, 1999.

Cohen, Shaye J. D. *Was Timothy Jewish(Acts 16:1-3), Patristic Exegesis, Rabbinic Law, and Matrilineal Descent*. JBL 105(1986), 259-265.

Collins, R. F. *1 Thessalonians and the Liturgy of the Early Church*. BTB 10(1980), 51-60.

Conzelmann, Hans. *Acts of the Apostles*. trans. J. Limburg, A. Th. Kraabel, & D. H. Jeul. Philadelphia: Fortress Press, 1987.

_____. *The Theology of St. Luke*. London: Faber & Faber, 1960.

Day, P. *The Genesis purpose of 2 Thessalonians*. ATR 45(1963), 203-206.

D'Angelo, M. R. *Women Partners in the New Testament*. JFSR 6(1990), 65-73.

Delling, Gerhard. *Merkmale der Kirche nach dem Neuen Testament*. NTS 13(1966), 297-316.

DeSilva, David A. *Embodying the Word: Social-Scientific Interpretation of the New Testament*. in the Face of New Testament Studies. ed. Scot McKnight·Grant R. Osborn. Grand Rapids: Baker Academic, 2004.

Dibelius, Martin. *Studies in the Acts of the Apostles*. London: SCM, 1956.

Dibelius Martin and Kummel Werner G. *Paul*. trans. Frank Clark. London: Longmans, Green, 1953.

Dunn, James D. G. *Beginning from Jerusalem: Christianity in the Making Vol.2*. Grand Rapids: Eerdmans, 2009.

_____. *The Acts of Apostles*. Grand Rapids: Eerdmans, 2016

_____. *The Acts of the Apostles*. Peterborough: Epworth Press, 1996.

_____. 『로마서』, 김철·채천석 역. 서울: 도서출판 솔로몬, 2005.

Edersheim, Alfred. 『유대인 스케치』, 김기철 역. 서울: 복 있는 사람들, 2016.

Ellis, Earle, *The Gospel of Luke*. Eugene: Wipf and Stock Publishers, 2003.

Elwell, Walter A. and Yarbrough, Robert. 『사도행전 연구: 사도행전과 초기 교회』, 류근상 역. 고양: 크리스챤출판사, 2010.

Etegemann, Ekkehard W. and Stegemann, Wolfgang. 『초기 그리스도교의 사회사』, 손성현·김판임 역. 서울: 도서출판 동연, 2012.

Fernando, Ajith. *The NIV Application Commentary: Acts*. Grand Rapids: Zondervan, 1998.

Ferguson, Everett. *The Hellenists in the Book of Acts*. RestQ, 12 no 4 (1969), 163.

_____. 『초대 교회 배경사』, 엄성옥 역. 서울: 은성출판사, 2005.

Fitzmyer, Joseph A. *The Authorship of Luke-Acts Reconsidered*. London: Geoffrey Chapman, 1989.

_____. 『로마서』, 김병모 역. 서울: 기독교문서선교회, 2015.

_____. 『사도행전 주해』, 박미경 역. 왜관: 분도출판사, 2015.

_____. 『앵커바이블: 누가복음 I』, 이두희·황의무 역. 서울: 기독교문서선교회, 2015.

Flory, M. B. *Where Women Precede Men: Factors Influencing the Order of Names in Roman Epitaphs*. CJ 79 3, Feb, (1984), 216-224.

Fournier, Marcel. *Emile Durkheim: A Biography*. trans. David Macey Cambridge: Politry Press 2013.

Fox, Robin L. *Pagans and Christians*. New York: Viking Penguin Inc. 1986.

France, R. T. 『마가복음』, 이종만·임용한·정모세 역. 서울: 새물결플러스, 2017.

Gager, John G. *Kingdom and Community: The Social World of Early Christianity*. Englewood Cliffs: Prentice-Hall, 1975.

Gasque, W. Ward. 『사도행전 비평사』, 권성수·정광욱 역. 서울: 도서출판 엠마오, 1991.

Garland, David E. 『존더반 신약주석: 강해로 푸는 누가복음』, 정옥배 역. 서울: 도서출판 디모데, 2018.

Grasser, Erich. *Die Apostelgeschichte in der Forschung der Gegenwart.* TR N.F. 26(1960), 93-167.

Green, Michael. *Evangelism in the Early Church.* Grand Rapids: Eerdmans, 2004.

Guelich, Robert A. *Mark 1-8:26: WBC Vol.34a.* Dallas: Word Books, Publisher, 1989.

Guthrie, Donald. *Recent Literature on the Acts of the Apostles.* in Vox Evangelica II. ed. by R. P. Martin, London, 1963.

Haenchen, Ernst. *The Acts of the Apostles: A Commentary.* trans. B. Noble et al. Oxford Blackwell Philadelpia: Westminster, 1971.

_____. 『사도행전』, 박경미 역. 서울: 한국신학연구소, 1994.

Hagner, Donald. *Matthew 14-28: WBC Vol. 33b.* Dallas: Word Books, Publisher, 1995.

Harrison, Everett F. 『사도 교회의 역사와 성장』, 신성수 역. 서울: 기독교문서선교회, 1990.

Hengel, Martin. *Judaism and Hellenism: Studies in Their Encounter During the Early Hellenistic Period.* Eugene: Wipf & Stock Publishers, 2003.

Martin Hengel·Schwemer Anna Maria. *Paul Between Damascus and Antioch.* Louisville: Westminster Johm Knox Press, 1997.

Henry, Matthew.『사도행전: 상』이기문 역. 서울: 교문사, 1982.

Heine, Susanne. 『초기 기독교 세계의 여성들』, 정미현 역. 서울: 이화여자대학교출판부, 1998.

Hill, Andrew E. *Baker's handbook of Bible Lists.* Grand Rapids: Baker Academic, 1981.

Hill, Craig C. *Onthe Source of Paul's Problem with Judaism.* In Redefining First-Century Jewish and Christian Identities. Notre Dame: University of

Notre Dame Press, 2008.

Hock, Ronald F. *The Social Context of Paul's Ministry*. Philadelphia: Fortress Press, 1980.

Holladay, Carl R. *Acts: A Commentary*. Louisville: Westminster John Knox Press, 2016.

Horowitz, Maryanne C. *Aristotle and Woman*. Journal of the History of Biology vol. 9, no.2 (1976), 183-213.

Horrell, David G. 『바울 읽기』, 윤철원 역 서울: 도서출판 미스바, 2003.

Horsley, Richard A. 『갈릴리: 예수와 랍비들의 사회적 맥락』, 박경미 역.서울: 이화여자대학교 출판부, 2007.

_____. 『바울과 로마 제국』, 홍성철 역. 서울: 기독교문서선교회, 2011.

_____. 『서기관들의 반란』, 박경미 역. 고양: 한국신학연구소, 2016.

Horton, Stanley M. *Acts*. Springfield: Logion Press, 2017.

Levison, Jack. *Inspired the Holy Spirit and the Mind of Faith*. Grand Rapids: Eerdmans, 2013.

Jagersma, Hendrik. *A history of Israel from Alexander the Great to Bar Kochba*. London: SCM Press, 1986.

Jeremias, J. *Jerusalem in the Time of Jesus: An Investigation into Economic and Social Conditions in the Time of Jesus*. London: SCM, 1969.

Jervell, Jacob. 『사도행전 신학』, 윤철원 역. 서울: 한들출판사, 2009.

_____. *The Unknown Paul*. Minneapolis: Augsburg, 1984.

Johnson, Luke T. *The Acts of the Apostles*. Minnesota: The Liturgical Press, 1992.

Flavius Josephus. 『요세푸스 III』, 김지찬 역. 서울: 생명의말씀사, 2019.

Judge, E. A. *The Social Patterns of the Christian Groups in the First Century*. Londen: Tyndale, 1960.

Kaye, B. N. *Acts' Portrait of Silas*. NovT 21 (1979),13-26.

Keener, Craig S. *Acts: An Exegetical Commentary Volume 2*. Grand Rapids: Baker Academic, 2013.

_____. *Acts: An Exegetical Commentary Volume 3*. Grand Rapids: Baker Academic, 2014.

_____. *NCBC: Acts*. Cambridge: Cambridge University Press, 2020.

_____. *Paul, Women & Wives*. Peabody: Hendrickson Publishers, Inc., 1992.

Kirk, J. Andrew, *Apostleship since Rengstorf: Towards a Synthesis*. NTS 21(1975), 249-64.

Kittel, Gerhard. *Theological Dictionary Of the New Testament Volume. III*. trans. Geoffrey W. Bromiley. Grand Rapids: Eerdmans, 1982.

Knight III, G. W, *The New Testament Teaching on the Role Relationship of Men and Women*. Grand Rapids: Baker Academic, 1977.

Koester, Helmut. 『신약배경연구』, 이억부 역. 서울: 도서출판 은성, 1996.

Kraeling, Carl H. *The Jewish Community at Antioch*. JBL, 51 no 2 (Jun 1932), 136.

Kummel, Werner G. *Das Urchristentum*. TR N.F. 22(1954), 81-95.

_____. *Introduction to the New Testament*. trans. H. C. Kee. Nashville: Abingdon, 1975.

Lofthouse, W. F. *'I' and 'We' in the Pauline Epistles*. BT 6(1955), 72-80.

Longenecker, Richard N. 『WBC: 갈라디아서』, 이덕신 역. 서울: 도서출판 솔로몬, 2009.

Ludemann, Gerd. 『사도행전』, 김충연 역. 서울: 도서출판 솔로몬, 2014.

Machen, J. Gresham. *The Origin of Paul's Religion*. New York: Macmillan, 1925.

_____. 『바울의 신학』, 김남식 역. 서울: 명문당, 1987.

MacMullen, Ramsay. *Christianizing the Roman Empire*. New Haven: Yale University Press, 1984.

Maduro, Otto. 『사회적 갈등과 종교』, 강인철 역. 서울: 한국신학연구소, 1993.

Marshall, I. Howard. *Acts: An Introduction and Commentary*. Nottingham: IVP, 2008.

_____. *The Acts of the Apostles: An Introduction and Commentary*. Grand Rapids: Eerdmans, 1980.

_____. *Luke: Historian and Theologian*. Grand Rapids: Zondervan, 1970.

_____. 『사도행전 신학』, 류근상 역. 고양: 크리스챤출판사, 2010.

Martin, Ralph P. 『현대성서: 주석에베소서·골로새서·빌레몬서』, 김춘기 역. 서울: 한국장로교출판사, 2002.

Mathews, Shailer. *The Social Teaching of Jesus: An Essay in Christian Sociology*. New York: MacMillan, 1897.

Mattill, A. J. and Mattill Mary B. *A Classified Bibliography of Literature on the Acts of the Apostles*. Leiden: E. J. Brill, 1966.

McAthur, Harvey K. *Computer Criticism*. ExpTim 76 (1965), 367-370.

_____. "*kai* Frequency in Greek Letter". *NTS* 15 (1969), 339-349.

McRay, John. *Archaeology and the New Testament*. Grand Rapids: Baker Academic, 2010.

Metzger, Bruce M. *A Textual Commentary On the Greek New Testament: 2nd Ed*. D-Stuttgart: Deutsche Bibelgesellschaft, 2012.

_____. *Antioch On the Orontes*. BA Vol.4. (1984), 69-88.

_____. 『사본학』, 강유중·장국원 역. 서울: 기독교문서선교회, 2012.

Mickelson, Alvera. 『성경과 여성』 홍성희 역. 서울: 기독교문서선교회, 1999.

Moo, Douglas. J. 『BECNT: 갈라디아서』, 최요용 역. 서울: 부흥과개혁사, 2018.

_____. 『로마서』, 손주철 역. 서울: 도서출판 솔로몬, 2015.

Nash, Ronald H. 『복음과 헬라 문화』, 이경직·김상열 역. 서울: 기독교문서선교회, 2017.

Nolland, John, 『누가복음: 하』, 김경진 역. 서울: 도서출판솔로몬, 2005.

O'Brien, Peter T. *Colossians·Philemon* WBC vol. 44. Dallas: Word Books, 1982.

Odell-scott, David W. *Indefense of an Egalitarian Interpretation of 1 Cor 14:33-36*. BTB 13 (1983), 90-93.

Osborne, Grant R. 『존더반 신약주석: 강해로 푸는 마태복음』, 김석근 역 서울: 도서출판 디모데, 2015.

Robbins, Vernon K. *The We-Passages in Acts and Ancient Sea Voyages*. BR 20(1975), 5-18.

Riesner, Rainer. *Paul's Early Period: Chronology, Mission Strategy, Theology*. Grand Rapids: Eerdmans, 1998.

Packer, J. I. *Let's Stop Making Women Presbyters*. Christianity Today (1991), 8-21.

Pagels, Elaine. *Paul and Women: A Response to Recent Discussion*. JAAR 42(1974), 538-549.

Parker, Pierson. *Three Variant Readings in Luke-Acts*. JBL 83(1964), 165-170.

Plevnik, S. J., Joseph. 『최근 바울 신학 동향』, 배용덕 역. 서울: 기독교문서선교회, 2007.

Polhill, John B. *The New American Commentary Acts: Vol. 26*. Nashville: Broadman Press, 1992.

_____. *The Relationship Between Ephesians and Colossians*. RevExp 70 (1973), 439-50.

Porter, Stanley E. *Paul in Acts*, Peabody. Massachusetts: Hendrickson Pub. 2008.

Powell, Mark A. 『누가복음 신학』, 배용덕 역. 서울: 기독교문서선교회, 2012.

_____. 『사도행전 신학』, 이운연 역. 서울: 기독교문서선교회, 2014.

Randall Jr., John H. *Hellenistic Ways of Deliverance and the Making of the Christian Synthesis.* New York: Columbia University Press, 1970.

Reaoch, Benjamin. 『성경과 현대인권』, 김대성 역. 서울: 개혁주의신학사, 2020.

Reimer, I. Richter. *Women in the Acts of the Apostles: A Feminist Liberation Perspective.* trans. L. M. Maloney. Minneapolis: Fortress, 1995.

Rigaux, B. *Letters of Paul. Modern Studies.* Chicago: Franciscan Herald, 1968.

Schnabel, Eckhard J. *Paul the Missionary: Realities, Strategies and Methods.* Downers Grove: IVP Academic, 2008.

Schreiner, Thomas R. 『로마서』, 배용덕 역. 서울: 부흥과개혁사, 2015.

Schultz, Ray R. *Romans 16:7: Junia or Junias?.* ExpTim 98(4, Jan. 1987), 109.

Schweitzer, Albert. *The Mysticism of Paul the Apostle.* New York: Macmillan, 1955.

Scroggs, Robin. *The Sociological Interpretation of the New Testament.* NTS 26 (1980), 164-179.

Shillington, V. George. 『누가복음·사도행전 개론』, 왕인성 역. 서울: 기독교문서선교회, 2013.

Smith, Jonathan Z. *The Social Description of Early Christianity.* RSR I(1975), 11-29.

Spencer, Aida B. *Women in the Church: A Biblical Study of the Role of Women in the Church.* TrinJ 8 (1987), 100.

Spencer, F. Scott. *Neglected Widows in Acts 6:1-7.* CBQ, 56 no 4 Oct (1994), 717.

Stark, Rodney. *The Rise of Christianity* New York: Harper One, 1997.

Stark, Rodney and Bainbridge, W. S. *Of Churches, Sects, and Cults: Preliminary Concepts for a Theory of Religious Movements.* JSSR 18(1979), 117-133.

Stegemann, Ekkehard W. and Stegemann, Wolfgang. 『초기 그리스도교의 사회사』, 손성현·김판임 역. 서울: 도서출판 동연, 2012.

Stott, John. 『사도행전 강해: 땅끝까지 이르러』, 정옥배 역. 서울: 한국기독학생회출판부, 2013.

Streeter, B. H. *Woman and the Church*. London: F. Fisher Unwin, 1917.

Swete, H. B. 『신약속의 성령』, 권호덕 역. 서울: 은성출판사, 1986.

Taussig, Hal. E. 『기독교는 식사에서 시작되었다: 사회적 실험 그리고 초기 기독교 정체성』, 조익표·조영희 외 2명 역. 서울: 도서출판 동연, 2018.

Tenney, Merrill C. 『갈라디아서 해석』, 김근수 역. 서울: 기독교문서선교회, 1995.

Theissen, Gred. *The Social Setting of Early Palestinian Christianity*. Philadelphia: Fortress, 1978.

_____. *Social Reality and the Early Christians*. Minneapolis : Fortress Press, 1992.

Thiselton, Anthony C. *1 Corinthians*. Grand Rapids: Eerdmans, 2006.

Thompson, James W. 『바울의 교회론: 그리스도를 닮은 공동체 재발견하기』, 이기운 역. 서울: 기독교문서선교회, 2019.

Tidball, Derek. *An Introduction to the Sociology of the New Testament*. Milton Keynes: Paternoster Press, 1983.

_____. *The Social Context of the New Testament*. Grand Rapids: Zondervan, 1984.

Tillich, Paul. 『그리스도교 사상사』, 송기득 역. 서울: 대한기독교서회, 2008.

Trocme, Etienne. 『초기 그리스도교의 형성』, 유상현 역. 서울: 대한기독교서회, 2010.

Trorly, John. *Junia, a Woman Apostle*. NovT 38 (1996), 18-29.

Tumer, David L. 『마태복음』, 배용덕 역. 서울: 부흥과개혁사, 2015.

Tyson, Joseph B. *Acts 6:1-7 and Dietary Regulations In Early Christianity*. Perspectives in Religious Studies 10 no 2 (Sum 1983), 151.

Warfield, B. B. *The Readings Ἑλληνιστάς and Ἑλληνάς, Acts xi:20'*. JBL III(1883), 113-127.

Wehnert, Jurgen. *Die Wir-Passagagen der Apostelgeschichte: Einukanisches Stilmittel aus jedischer Tradition.* Getting: Vandenhoeck&Ruprecht, 1989.

Wenham, David and Walton, Steve. 『복음서와 사도행전』, 박대영 역. 서울: 한국성서유니온, 2013.

White, R. E. O. 『누가신학 연구』, 김경진 역. 서울: 도서출판 그리심, 2003.

Whittaker, M. *A. Q. Morton and McLeman.* Th 69 (1966), 567-568.

Winter, S. B. C. *Methodological Observations on a New Interpretation of Paul's Letter to Philemon.* USQR 39 (1984), 203-212.

Witherington, III. Ben. *The Acts of Apostles: A Socio-Rhetorical Commentary.* Grand Rapids: Eerdrnans, 1998.

Wright, N. T. *Colossians-Philemon.* Grand Rapids: Eerdmans, 1986.

ABSTRACT

Antioch Church as a Model of Multicultural Church:
Focused on the Causes and Effects of Paul's Multicultural Ministry

This study examines the various issues related to race, language, culture, class, and status in the first multicultural Church of Antioch that appears in the Acts of the Apostles, and discusses whether Paul was influenced multiculturally by preaching there and how those effects emerged in the whole ministry. Syrian Antioch was a heavily multicultural city with a rich social culture, including race and ethnicity, and the members of the Church of Antioch, which was built there, also showed similarities in structure and form.

Furthermore, Paul, who served as the leader of the Church of Antioch, demonstrated multicultural influence during the course of his later ministry, which had no restrictions on various areas suchas race, culture, class, status, gender, etc. In order to understand the Syrian Antioch and the Church of Antioch communities, we first grasp the background of sociological studies, introduce the research methodology, and compare this study to the research of scholars who used sociology in their methodology of biblical interpretation, to examine the current research trends.

Then, the formation and composition of the Church of Antioch are analyzed in depth with social, political, and racial categories to find out whether multicultural elements are included. Next, it is revealed that this is a pure multicultural church community with people from various ethnicities, races, nationalities, and classes. The main leaders of the Church of Antioch show clear differences in race and place of origin. The leaders of the Church of Antioch, who were well-respected by the disciples, were diverse, including Manaen, who is believed to be a nobleman in Jerusalem. Banaba, a Greek Jew. Paul, an Orthodox Pharisee. Lucius, a Gentile believed to be lower class. and Simeon, who is black. There were neither advantages nor disadvantages and had no constraints or discrimination on the basis of differences in place of origin and background.

This can be confirmed through the profiles of the main leaders. After serving the Church of Antioch, Paul has visited and has left a multicultural trail on the churches and fellow ministers. Most of the ministers who worked with Paul were diverse in race, ethnicity, class, and status, and furthermore, Paul worked and formed partnerships with women without any restrictions while respecting and acknowledging them, which can be said to be the multicultural impact of the Church of Antioch. This study reveals that the early Church of Antioch had a relatively low level of conflict between the Jews and the Gentiles and sets the stage for securing the perspective on "coexistence", which is an important task for multicultural churches.

First, by analyzing and presenting the social-cultural situation in the Church of Antioch and the Syrian Antioch, with a sociological approach, we discovered that despite having multicultur alaspects, the level of conflict between the Jews and Gentiles was relatively low. Furthermore, this study finds significance in analyzing the multicultural characteristics and its influence on very important figures like Paul in early Christian missions. Paul, who served the Church of Antioch, presents his argument that he could have been given the opportunity of serve more efficaciously in the various cultural circumstances of Greco-Roman world.

Moreover, this study can investigate the possibility of selecting and analyzing the Church of Antioch as an appropriate model of a multicultural church in the Bible. It can be said that this research is meaningful in that this is an early, unique study that presents the model of a multicultural church and provides information on multicultural structures and ministry situations.